Gonçal Mayos

Homo obsoletus

Precariedad y desempoderamiento en la turboglobalización

Barcelona **2024**
Linkgua-ediciones.com

Créditos

Título original: Homo obsoletus. Precariedad y desempoderamiento en la turboglobalización.

© 2024, Red ediciones S. L.

e-mail: info@Linkgua-ediciones.com

Diseño de cubierta: Michel Mallard.

ISBN tapa dura: 978-84-1126-189-0.
ISBN rústica: 978-84-9007-127-4.
ISBN ebook: 978-84-9007-128-1.

Sumario

Dos laberintos

En «Los dos reyes y los dos laberintos», Jorge Luis Borges (1974: 607) narra bellamente que el rey de babilonia, para humillar al rey de los árabes, lo «encerró» en un complejo laberinto que había hecho construir. El rey árabe solo pudo salir después de muchos esfuerzos y torturas, pero entonces armó un ejército con el que capturó al rey babilónico y, como venganza, lo llevó al medio del desierto. Allí le dijo: tú me condenaste a un complejo laberinto «con muchas escaleras, puertas y muros»; pues bien ahora yo te «muestro» mi laberinto «donde no hay escaleras que subir, ni puertas que forzar, ni fatigosas galerías que recorrer, ni muros que te veden el paso». Y llevándose los camellos, dejó en medio del desierto al rey de Babilonia que murió de sed, vagando sin guía ni fin.

Tenemos aquí dos tipos muy diferentes de laberintos. Uno —el clásico— se basa en paredes que bloquean y en pasadizos que se bifurcan infinitamente, pero que también suelen terminar en muros insuperables o puertas cerradas. Solo hay una salida y está perdida en medio de infinitos caminos interminables, que se retuercen como serpientes obligando a llegar a su final para descubrir que —todos menos uno— están cortados. Es un laberinto desesperante y claustrofóbico pues despierta en el prisionero el miedo y la angustia ante los espacios cerrados, los espacios sin espacio, los espacios sin salida...

El laberinto clásico es una especie de compleja prisión que permite caminar sin descanso pero siempre bajo la frustración del encierro, el bloqueo, el enclaustramiento y —en última instancia— la falta de libertad de movimientos, de horizonte, de aire libre... ¡de libertad!

Angustia porque continuamente muestra la propia impotencia ante miles de callejones sin salida. Frustra porque en cada uno de esos corredores se creyó encontrar la tan anhelada salida, pero finalmente se constató de nuevo que terminaba en otro muro, otra puerta cerrada y otra desilusión. Por ello es inevitable la terrible sospecha de que —quizás— no hay ninguna salida en absoluto, que todos los corredores, y por tanto el laberinto entero, se cierren sobre sí en una verdadera y tramposa prisión.

En cambio el laberinto del desierto no parece en principio ningún laberinto. No tiene muros, corredores, ni puertas cerradas. No es claustrofóbico, sino al contrario: suele provocar agorafobia, terror a los espacios abiertos y sin fin. Incluso, muchas veces no hay dunas altas ni montañas que bloqueen la mirada. Todo, hasta el infinito horizonte, aparece ante nuestros ojos y nada nos impide el paso, ni nos bloquea. Tan solo hay el mismo espacio infinito, la distancia interminable y la permanente ausencia de impedimentos, para encerrarnos como en un laberinto.

En el desierto parece indudable que hay una salida pues todo el horizonte está abierto y «es una salida». Pero —tampoco y aún más que en el laberinto babilónico— no se sabe hacia dónde ir y el dilema es, sobre todo, cuán lejos puede estar —tomemos la dirección que tomemos— el oasis, la gente o la ayuda más cercanos. Angustia terriblemente pensar que podríamos estar caminando hasta desfallecer, siempre sospechando que —de haber tomado otra dirección— todo habría terminado felizmente y con rapidez.

En el laberinto del desierto angustia que se puede terminar trazando un círculo y volver finalmente al punto de partida, pero ahora agotado y ya sin fuerzas para un nuevo intento. Provocan estrés hasta la náusea las dudas ante cuál dirección tomar, también el temor a haberse equivocado en la decisión y, aún más, el pánico cerval a persistir en ella cuando el paso inexorable del tiempo parece demostrar que fue errónea.

El laberinto tradicional no esconde que él es nuestro gran enemigo (su astucia frente a la nuestra) y continuamente chocamos con él, impidiéndonos el paso. En cambio, el desierto se esconde tras de sí mismo, traicioneramente, como diciendo: «yo no hago nada, eres tú mismo quien labras tu destino y escoges tu personal laberinto. Puedo esperar —avisa— hasta que finalmente termines arrodillado ante mi poder... ¡y muriendo!»

Sin duda y a diferencia del laberinto clásico, en el desierto domina más bien la agorafobia, el miedo y la angustia ante los espacios abiertos. Pues aquí el problema es precisamente la apertura, los excesivos e inhumanos espacios abiertos. El fracaso es provocado no tanto porque se nos impida avanzar, sino al contrario porque se nos obliga a tomar una decisión en la que nos va la vida, pero ante la cual no tenemos prácticamente ninguna razón, ningún motivo, ninguna seguridad o esperanza para pensar que finalmente es correcta y nos salvará. Si en el laberinto babilónico el prisionero sobre todo lucha contra muros y callejones sin salida, en el desierto sobre todo lucha consigo mismo. El verdadero callejón sin salida se produce cuando se desfallece, cuando uno mismo claudica, cuando finalmente se deja caer de rodillas y cesa de caminar.

Sin duda, ambos tipos de laberintos provocan fácilmente la desorientación y el desánimo, pero por motivos sutilmente diferentes. En el clásico los corredores se retuercen en una dirección y otra hasta que el prisionero pierde el norte. Una y otra vez choca contra muros y puertas cerradas, hasta que —desesperado— se rinde o intenta romperlos con sus manos impotentes.

En el desierto se fracasa especialmente si se traiciona la decisión inicial. Poco importa si fue ir hacia el norte, el sur, el este o el oeste. La mayor desorientación se produce si —imperceptiblemente— se va configurando un inmenso círculo o si uno se deja llevar caprichosamente por intuiciones o falsos signos (no necesariamente un espejismo) de cercanos oasis. Se pierden opciones de éxito cada vez que se cambia de decisión y de dirección, si no se confía en uno mismo y volublemente se desvía o se rehace el camino. Pues entonces el laberinto se va haciendo progresivamente más infinito.

En el complejo laberinto clásico es muy fácil desorientarse y desanimarse, pues en principio hay infinitos callejones y puertas cerradas, y —como mucho— una única salida. Sin duda es desesperante, pero en cierto sentido los mismos muros que encierran también son una especie de guía. Los expertos aconsejan seguir siempre a la derecha (o a la izquierda) hasta recorrer todo el laberinto. Sin duda es una estrategia dura y esforzada, pero muy segura, y además nada impide que —mucho antes de haber recorrido todo el laberinto— se tenga la suerte de encontrar la salida por azar.

En el desierto, también cabe la posibilidad que haya cerca un oasis o ayuda, pero no hay muros que seguir y lo aconsejable es tomar una decisión —aunque sea conscientemente arbitraria— y seguirla hasta el final... del desierto o de las propias fuerzas. En el primer caso se ha vencido, en el segundo no. Todo se reduce a ese dilema y al esfuerzo autocontrolado de persistir en la inicial decisión... Como se dice en las guerras: el dilema es ¡hasta vencer o morir!

Dos sociedades: el fordismo

Muchas veces las sociedades son verdaderos laberintos. ¿Podemos comparar las sociedades avanzadas actuales con sus antecesoras inmediatas a partir de los dos tipos de laberintos comentados? Intentémoslo brevemente.

Podemos asociar al laberinto babilónico a la sociedad industrial clásica ejemplificada por las enormes fábricas con largas cadenas de montaje de Henry Ford. Por ello el término «fordismo» es muy adecuado para describir sus caracteríticas básicas como el marxista Antonio Gramsci teorizó por primera vez en 1934 en «Americanismo y fordismo».

En esas laberínticas fábricas cada trabajador tenía adjudicado un puesto concreto que no podía abandonar durante la jornada. Incluso cualquier despiste —por momentáneo que fuera— era castigado pues retrasaba o paraba toda la cadena de ensamblaje. Aunque se le podía ordenar trabajar en otro sitio, el trabajador estaba siempre «anclado» a una muy concreta función y lugar. Muros invisibles o capataces vigilantes le mantenían atado allí, pues equivalía a una muy concreta pieza en esa gran maquinaria (Mumford, 2010) híbrida de carne y acero que es la cadena industrial.

Además la versión fordista del «taylorismo» teorizado a partir de 1911 por Frederick Taylor analizaba la mejor adecuación a la cadena de todas y cada una de las acciones del trabajador. En tanto que pieza humana del conjunto, todas sus actividades estaban metódicamente calculadas y predeterminadas para maximizar su producción y su adecuación al acelerado ritmo fabril.

En tales condiciones fordistas, la vida laboral puede asociarse a un tipo de laberinto donde solo hay una salida o un único comportamiento adecuado. En cambio, todos los demás sin excepción chocan con impedimentos, muros, prohibiciones y callejones sin salida. Charles Chaplin, en *Tiempos modernos*, mostró irónicamente las crueles patologías, angustias, contradicciones y alienaciones de esa máquina híbrida con incrustaciones humanas que caracteriza al fordismo.

Las personas se convertían en una pieza viva en la maquinaria y gran parte de su existencia, incluyendo la educación, estaba constreñida por un estricto laberinto social lleno de restricciones, opciones prohibidas, caminos bloqueados y puertas cerradas. Ya muy pronto después de nacer, se enseñaba a la gente que todo apuntaba a una única salida: ocupar un lugar en la enorme cadena productiva de la fábrica y —también— de la sociedad. Cualquier otra cosa —se les dice— es fantasía irracional, una falsa opción y algo condenado al fracaso.

Como veremos más adelante, desde distintos puntos de vista las fábricas fordistas culminan las sociedades modernas asociadas al «gran encierro» (Michel Foucault, 1982 y 1993). Pues se caracterizan por un muy parecido tipo de «instituciones disciplinarias» como son la prisión, el cuartel, el manicomio, los hospicios, los talleres, las fábricas, los reformatorios e incluso las escuelas. Coinciden habitualmente (al menos en sus formulaciones clásicas) por dividir, jerarquizar y disciplinar muy estrictamente el espacio, las actividades y las personas. Siempre domina un permanente control y todo está encauzado hacia el comportamiento permitido, mientras que se bloquea de mil maneras cualquier otra posibilidad.

En definitiva son sociedades que generan instituciones que tienden a disciplinar a la gente colocándola en una especie de laberinto, donde todo son callejones sin salida, excepto la obediente respuesta deseada. Hay pues muchos impedimentos, obstáculos, muros y puertas vedadas; pero también todo tiende —como en el laberinto clásico— a una única salida predeterminada.

Están muy claras, definidas y bien establecidas las patologías, lo que no hay que hacer y por dónde no hay que ir. Lo que no es «normal», o no está «normalizado» debe ser impedido, castigado, corregido, disciplinado... Por contra y como en el laberinto clásico, las sociedades fordistas se basan en la promesa de que efectivamente hay una salida. Encontrarla puede ser difícil y exige esfuerzo, paciencia, disciplina, una cierta sistematicidad y mucha obediencia porque se nos dice continuamente que —si se siguen las normas— al final uno encontrará «su sitio»: la salida al laberinto fordista. Entonces uno sabrá perfectamente qué tiene que hacer, cómo, cuándo, para qué y en qué condiciones. Eso sí, sobre todo se le exige que no cuestione la sociedad ni los muros del laberinto en que está atrapado.

Capitalismo cognitivo, postfordista y turboglobalizado

Las características de las sociedades fordistas y del laberinto babilónico, cambian profundamente en el laberinto del desierto y en las sociedades postfordistas turboglobalizadas[1] y cognitivas. Hoy la humanidad constituye una unidad de intercambios acelerados por medio de las nuevas tecnologías de la información y la comunicación. Por eso hablamos de la turboglobalización cognitiva que compone mayoritariamente nuestro presente y —parece— el futuro más o menos inmediato. Ello será el tema primordial de este libro y mostraremos los distintos tipos de patologías sociales que caracterizan y son emblemáticas del fordismo o del postfordismo. Veremos cómo las dificultades vinculadas al laberinto «del desierto» ejemplifican muy bien las patologías y los peligros de obsolescencia que hoy se han convertido en hegemónicos en la sociedad contemporánea. Expresan muy bien algunos de los terribles retos y angustias que marcan actualmente el empoderamiento ciudadano, tanto en la política como en la acción social, económica, cultural, productiva y profesional.

En muchos aspectos las sociedades actuales avanzadas parecen haber dejado atrás el constreñido, disciplinado y también represivo mundo fordista. Por contra, nos prometen una vida más flexible, innovadora, abierta al cambio y a la creatividad. Nos prometen una sociedad no sometida disciplinariamente a guías, en la línea de la represión y coerción mínima con que apuntaba Marcuse (1976). Por eso Bauman (2005) usa el término «modernidad líquida», que opone a la «modernidad sólida» ejemplificada por el fordismo y el laberinto babilónico.

En cambio, la sociedad cognitiva posfordista actual se caracteriza por la más flexible navegación por el mar, que carece de muros, pero a menudo también de límites o caminos claros. Hay que decir que, en muchos aspectos, se parece perfectamente a las dificultades experimentadas en la travesía de los grandes desiertos, que son inmensos «mares» de arenas y piedras. Por eso las grandes metáforas usadas por los que transitan dentro del laberinto que es la biblioteca infinita de Internet son marineras: «navegar» y «surfear».

---

1 Llamamos «turboglobalización» a la aceleradísima mundialización actual que aumenta exponencialmente todos los parámetros de interacción: velocidad, cantidad, calidad, intensidad, alcance, lejanía, aceleración, sistematicidad, seguridad, constancia, omnipresencia... Antes la humanidad no tenía consciencia de sí como un conjunto en constante y profunda relación. Pero hoy la «turboglobalización» es una realidad evidente y decisiva para todos por su rapidez, intensidad, instantaneidad, omnipresencia, los acelerados y lejanos feedbacks, así como también por haberse convertido en una realidad sistemática, cotidiana y banal.

Las sociedades postfordistas ya no son un laberinto lleno de constricciones, bloqueos, corredores que se bifurcan, se retuercen sobre sí mismos y de los cuales solo unos pocos van en la buena dirección. Tampoco la mayoría del trabajo y de la formación están perfectamente estipulados, predeterminados y disciplinados. Incluso y bajo el impacto de la turboglobalización, las grandes fábricas —sucias, intensivas en trabajo manual y que congregan miles de personas— están desapareciendo o se deslocalizan hacia los países menos avanzados. En el capitalismo postfordista las estrictas cadenas de montaje son ocupadas —cada vez más— por robots y dispositivos maquínicos y no por trabajadores. Continuan siendo híbridas de carne y acero, pero cada vez menos, ya que son híbridas de carne y acero, ya que este último continúa pero la mano de obra humana es desplazada en favor de un uso intensivo de capital y cognición.

Dicho de manera provocativa: el posfordismo pierde «humanidad» en favor de más capital, más tecnología robótica-cibernética y más razón instrumental (Horkheimer, 2002), capaz de hacer funcionar todo conjuntamente y con eficacia. Por eso no podemos hablar de posttaylorisme, o sino de un nuevo «taylorismo digital» (Brown, Lauder y Ashton, 2011) que maximiza la productividad de la amalgama entre robots, capitales y —por supuesto— humanos. Estos son cada vez menos numerosos y su «trabajo» es mucho más cognitivo, intelectual, basado en la innovación, vinculado a las tecnologías de la información y la comunicación (TIC) y en la llamada «sociedad del conocimiento». Por ello y como veremos, cada vez hablamos menos en términos de la tradición marxista de «proletariado» y más de «cognitariado» (Mayos, 2013; Berardi, 2004).

Por todo eso, el nuevo «cognitariado» ya no tiene que estar «anclado» permanentemente en la cadena de montaje, sino que pueden realizar su función desde la «nube» de Internet. Sin embargo, también la productividad de los trabajadores cognitivos es vigilada y fomentada tayloristamente, tanto o más que en el fordismo ejemplificado por *Tiempos modernos* o *Metrópolis*. Hoy el ordenador, que parecía la herramienta que les había de liberar, también se ha convertido en la herramienta de control perfecta, ya que ¡puede documentar todos y cada uno de sus clics y acciones! Cabe apuntar pues que el cognitariado pasa así del laberinto fordista-babilónico al postfordista-del-desierto, pero continúa preso (¡y aún más!) dentro del taylorismo más exigente.

Los lectores notarán que —a pesar de que no hay la estricta cadena de montaje del fordismo— en el laberinto cognitivo postindustrial tampoco hay demasiada libertad. El llamado «taylorismo digital» puede ser más exigente que el fordista, pues es un control ejercido telemáticamente e interiorizado hasta la autoexplotación (Han, 2012). El cognitariado —como antes el proletariado— experimenta hoy cómo incluso las labores intelectuales y «creativas» pueden ser controladas telemáticamente y racionalizadas hasta la extenuación.

Paradojalmente y aunque puede ser controlado tecnológicamente a distancia con más eficacia que con los ingenieros tayloristas a pie de cadena, el cognitariado está inmensamente solo frente a la mayor parte de las decisiones. El cognitariado y en general toda la población de la sociedad turboglobalizada del conocimiento, vive inmerso en el laberinto del desierto. Pues ante sí solo tiene un inmenso horizonte abierto, en cambio constante, sin corredores ni muros pero tampoco sin guías.

Por eso se le exime de la obediencia, la disciplina e incluso el gregarismo del fordismo; porque —dada la evolución de la sociedad y de la tecnología— estos han perdido su antigua funcionalidad. Pero a cambio al cognitariado actual se le exige que por su cuenta y riesgo, individual y creativamente, asumiendo la total responsabilidad, escoja y labre el camino que —finalmente— los mercados dictaminarán si es exitoso o fracasado.

Además no basta con triunfar una vez en ese dificultoso proceso, sino que debe emularlo (¡no repetirlo estrictamente!) y reinventarse reiteradamente. Una y otra vez, debe repetirse a lo largo de su vida los versos de Antonio Machado (2001, Proverbios y cantares, XXIX): «Caminante, son tus huellas / el camino y nada más; / Caminante, no hay camino, / se hace camino al andar.»

Como vemos, el cognitariado vive en el laberinto del desierto y tiene que «surfear» continuamente dentro de Internet-biblioteca-de-Babel (Borges, 1974). Su principal problema ya no es encontrar la única salida (entre muros y puertas cerradas), sino sobrevivir y reciclarse continuamente dentro de un laberinto de dunas sin límite y siempre cambiante por los vientos de la historia o el desarrollo tecnológico. Debe ser capaz de innovar y crear performativamente futuro, es decir: encontrar nuevos oasis que pronto deberá abandonar en busca de otros. Consciente de que —como se dice en la bolsa «rendimientos pasados no garantizan rendimientos futuros», el trabajador cognitivo debe ser capaz de elegir por sí mismo un camino exitoso donde no parece haber ninguno. Y debe hacerlo una y otra vez en una «navegación» sin fin.

Debe saber seguir incansablemente su travesía por el desierto, sin desmoralizarse al pasar ante los numerosos cadáveres de las víctimas de este extraño laberinto posmoderno. Cuando finalmente encuentra un pequeño oasis, puede recuperar fuerzas, pero solo por un breve tiempo, ya que pronto se ha de volver a «abrir camino» por el mar o el desierto infinitos. Con la angustia añadida, de que no puede fiarse demasiado de lo que ha aprendido en su singladura, pues es ya un mapa envejecido dado el movimiento constante de las dunas.

No debe extrañar pues que gran parte de las angustias y patologías emblemáticas de la sociedad actual nazcan de cambios como los que apuntamos. Pues hoy la información disponible es prácticamente infinita y crece exponencialmente de forma que es imposible conocerla ni en una mínima parte. Pierde sentido por lo tanto la educación tradicional, que pretendía saber la manera correcta y prácticamente única (memorizando diseños básicos o estrategias preestablecidas) de resolver los problemas y laberintos «babilónicos»: muros y calles sin salida, etc. En cambio, hoy la enseñanza, las actitudes y las capacidades del cognitariado deben estar aptas para laberintos como el desierto: sin caminos preestablecidos y requiriendo decisiones tomadas sobre la base de un cierto desconocimiento (Innerarity, 2011).

Dado que la constante «destrucción creativa» (Schumpeter, 1966) sitúa a la gente ante un laberinto como el cambiante desierto de dunas, la formación que exige el capitalismo cognitivo y la sociedad del consumo es contradictoria a los propios principios de éstos. Por un lado, debe ser muy larga y exigente, pero solo al final es recompensada económicamente (que, con el consumo, es lo único que «vale» en el capitalismo actual) y —tan solo— si se tiene éxito en su posterior aplicación productiva. Por otra parte, la formación se convierte en una apuesta estrictamente personal (donde han desaparecido las guías y valores indiscutibles), a largo plazo y que exige retrasar mucho la recompensa. Ahora bien y en dirección exactamente contraria la sociedad pero a la vez la sociedad del espectáculo y el consumo no hacen sino incitar al ocio, a las diversiones y a las distracciones.

Como para sobrevivir en el desierto, hay que mostrar gran autoexigencia y esfuerzo, pero a la vez se incita constantemente a todo lo contrario (p. e. al hedonismo sin más futuro; Lipovetsky, 2007). Aún más, la apuesta a largo plazo de permanente formación y entrenamiento personales, choca con que el capitalismo cognitivo turboglobalizado fomenta una gran ansiedad y constante exigencia: se debe asumir riesgos, reciclarse, aprovechar las oportunidades del entorno, aprender y desaprender. Además, con el constante cambio tecnológico que vuelve obsoletos muchos conocimientos, no se sabe si apostar por un entrenamiento muy específico y ultraespecializado, pues es a todo o nada. O bien confiar en una formación más diversificada que tiene el pelibro de derrochar algunos esfuerzos y, por tanto, reducir las posibilidades finales.

El capitalismo cognitivo vacía de sentido la vieja sabiduría, que era improductiva pero permitía comprender las complejidades de la existencia y buscar la «vida buena». También socava los disciplinados valores, las sólidas convicciones, las firmes seguridades y certezas indudables que imponía el fordismo y —aún más— las sociedades premodernas. Ahora se impone «el imperio de lo efímero» (Lipovetsky, 2016) y la ignorancia o incultura hijas del crecimiento malthusiano en la información (Mayos y Brey, 2011) que abdican de desbrozar el camino para que las nuevas generaciones puedan «ganarse la vida» (como se decía antes).

Al contrario y no como un altruista gesto democrático, hoy a los jóvenes en formación se les deja solos e individualmente compitiendo entre sí, «libres» y sin la menor guía ni «red protectora» en caso de error o fracaso. Sin embargo, en todo momento se avisa —amenazadoramente— que se debe tener mucho cuidado en no equivocarse ni en desfallecer, en no dejar de ser productivo o rentable, ¡en evitar caer en la obsolescencia!

Veamos algunas importantes consecuencias y patologías de los cambios contemporáneos.

Tecnologías y exigencias en el límite de lo humano

«Temo el día en que la tecnología sobrepase nuestra humanidad. El mundo tendrá una generación de idiotas.»
Albert Einstein

La humanidad es la especie que más profunda y continuamente transforma su entorno natural y social. Por eso habitualmente se ha tenido que enfrentar a patologías y enfermedades que ella misma ha provocado. Ya sucedió con el sedentarismo y la revolución neolítica, con el desarrollo de la agricultura y ganadería, las ciudades y la escritura, la división de las funciones sociales y la institucionalización de las diferencias estamentales, etc.

Pero ello se ha radicalizado y acelerado con la edad moderna que impuso un incesante proceso de «destrucción creativa» (Schumpeter, 1966) y el cambio perpetuo dentro de lo transitorio y fugitivo (Baudrillard, 1997). Así nuevas tecnologías militares y navieras permitieron tanto los descubrimientos geográficos como el dominio y colonización europea del globo. El capitalismo también estructuró el nuevo «sistema-mundo» (Wallerstein, 1984), engendrando una especie de «jaula de hierro» (Weber, 1992) que se ha ido ampliando con las sucesivas revoluciones industriales.

Se produjo y extendió progresivamente «la gran transformación» (Polanyi, 2003) con la masiva emigración de la población del campo a los suburbios urbanos y su encierro (Foucault, 1982) en las grandes fábricas movidas por máquinas de vapor, luego motores de combustión, y más tarde eléctricos... La realidad laboral se transformó rotundamente con la división del trabajo (Smith, 1983) que condenaba a alienantes procesos reiterativos y que no permitían la comprensión del producto producido entre todos (Marx y Engels, 1998).

Como un laberinto babilónico, se impuso el disciplinado fordismo que ancla el trabajador a un lugar fijo en las largas cadenas de montaje. Allí se le somete al estudio científico del taylorismo para obtener el máximo rendimiento del trabajador por unidad de tiempo. Pero, así como el duro trabajo manual había encorvado y lacerado los cuerpos durante siglos, actualmente lo que lacera y hiere a la mente es más bien el trabajo intelectual, atado a máquinas cognitivas como los ordenadores (¡incluso más allá del horario laboral!). Entramos en el laberinto del desierto y en el capitalismo cognitivo turboglobalizado.

Con los cambios acelerados en la sociedad del conocimiento, hoy se exigen renovados aprendizajes a lo largo de toda la vida. No se puede dejar de aprender ni de reinventarse profundamente cada poco tiempo, al riesgo de ser excluidos, caer en la sociedad de la ignorancia (Mayos y Brey, 2011) o devenir obsoletos profesionalmente e incluso vitalmente. Por eso, si «toda época tiene sus enfermedades emblemáticas» (Han, 2012), la humanidad se enfrenta hoy a nuevas patologías y enfermedades basadas en el agotamiento y la autoexplotación cognitivos.

Esas nuevas patologías resultan de las actuales condiciones de vida, que hoy convierten en «normal» lo que hace muy poco tiempo era locura o algo inexistente. Son unos riesgos globales a añadir a los que —según Ulrich Beck— caracterizan a las sociedades de la «segunda modernidad». Son la manera actual de experimentar la limitación, el ser-para-la-muerte, la precariedad vital y la vulnerabilidad que son constitutivas de la condición humana según Heidegger, Levinas, Butler y tantos otros. Y tienen mucho que ver con los profundos cambios y las complejas dificultades que hoy deben asumir los humanos.

Se relacionan con los inevitables «daños colaterales» que resultan del capitalismo cognitivo, la turboglobalización, el postfordismo y las nuevas experiencias sociales. Muchos amenazan —de forma preocupante e incluso peligrosa— los necesarios equilibrios político-sociales colectivos y en las identidades psicológicas individuales. También amenazan la posibilidad de construir vínculos, adecuadas experiencias y proyectos de vida a medio plazo. Como veremos, en última instancia tienden a generar en los humanos actuales diversos tipos de obsolescencia que son muy angustiantes y dolorosos.

Evidentemente muchos elementos ya eran presentes antes, pero el capitalismo cognitivo turboglobalizado culmina la tendencia inmediatista y de destrucción creativa típica de la modernidad. Tenemos ejemplos tanto en la sucesión obsesiva de las vanguardias, en la manera de concebir las revoluciones políticas (al menos idealmente) y en el funcionamiento del mundo de la moda, el consumo y la publicidad. Es característicamente moderna la idea de que el proceso de modernización no tiene fin. La comparten las vanguardias literarias y plásticas (p. e. Rimbaud con su «Il faut être absolument moderne») con los revolucionarios internacionalistas, ya sean socialistas, comunistas y anarquistas. Por eso y en muchos aspectos Trotsky, en 1929 con *La revolución permanente,* desarrolló una idea que venía de mucho antes, si bien las obvias dificultades políticas tendían a desviarla a opciones más pragmaticas y circunstanciales.

En todos los casos, se impone una inagotable ansia de novedad que inevitablemente tiene el efecto principal de convertir lo nuevo —de justamente ayer— en lo viejo y anticuado de hoy por la mañana. Ello conlleva intrínsecamente la necesidad de —por tanto— irlos sustituyendo por algo más nuevo y «original». La modernidad tiende a quedar prisionera de una obsesiva, acelerada e imparable dialéctica de actualización-aggiornamento donde los «revolucionarios de hoy» o los que «están in» pasan a ser a una velocidad increíble los antirrevolucionarios, conservadores o «out» de mañana, y así sucesivamente.

En muchos casos, lo que hay detrás es un obsesivo afán de inmediatez impulsado por la necesidad de renovar aceleradamente los stocks y de generar nuevo consumo. Ello se ve claramente cuando —con una evidente paradoja— se desentierran modas de hace unos años y se «venden» como novedades actuales. En muchos casos y debido a que también la memoria queda minimizada por el estrés que provoca la destrucción creativa y la transitoriedad fugaz, se ha perdido conciencia del origen —digamos vintage— de esos elementos y se «venden» una y otra vez como innovaciones revolucionarias.

Por ello cierto posmodernismo, todavía muy anclado en los metarrelatos modernos, acentuó la tendencia al olvido de toda tradición, al desprecio del pasado y a obviar el poder de la memoria. En todos los casos, son condición para poder «vender» toda «recuperación» del pasado y cualquier «reutilización» de gestos históricos como rabiosa novedad, como fulgurante invento, como hallazgo genial...

Tiene razón Antonio Valdecantos (2015) cuando destaca que detrás del afán de innovación de la modernidad, especialmente en la actual fase tardía, hay siempre «el fantasma de algún episodio pretérito (de ordinario, también moderno), escondido a la espera de reciclaje». De tal modo que en el «trepidante espectáculo» que creemos ver y que todavía queda del sueño moderno de destrucción creativa hay a menudo una «farsa» espectacularizada que esconde infinitas resurrecciones, imitaciones y parodias de episodios anteriores, cuyo olvido se ha forzado cuidadosamente.

Como vemos, la aceleración de la destrucción creativa que la moda fomenta solo puede funcionar a través de la falta de memoria y de olvido, ya que en caso contrario no resulta factible mantener ad eternum la locura de la continua novedad. Esa fue quizás la más lúcida crítica postmodernista a las vanguardias (Venturi, Izenour y Browie, 1998) y a los grandes metarrelatos modernos (Lyotard, 1984). Se reclamó poder pensar y jugar estilísticamente con las distintas propuestas sin obligarse al juego incesante de un plus ultra vanguardista. Como se sabe, ello no comportaba necesariamente negarse a toda posibilidad de novedad (como algunos apocalípticos posmodernistas proclamaban), pero sí aceptar que la auténtica novedad rupturista no se puede «programar» ni está al servicio del tiempo huidizo del hiperconsumo y la moda.

Aquí emerge una paradoja que hay que comentar. Las verdaderas innovaciones tecnológicas definen una línea de cambio imprevisible y que muy difícilmente plantea retornos al pasado o reiteraciones meramente estéticas. Muy al contrario, los discursos sobre la tecnología y sobre sus efectos sociales suelen ser muy reiterativos y se repiten hasta la banalidad. Paradójicamente, a pesar de que los avances tecnológicos no suelen tener marcha atrás y lo transforman todo disruptivamente, todavía predomina la tendencia a pensarlos y encararlos de una manera muy premoderna, basada en el miedo o el fanatismo.

Fácilmente, se los piensa desde planteamientos reiterativos y que Hegel denunciaría por «mala infinitud» y Nietzsche por ser el peor «eterno retorno de lo mismo». De un lado, los tecnófobos se escandalizan y proclaman una y otra vez el apocalipsis; mientras que —por otro lado— los tecnofílicos hacen elogios acríticos y proclaman que —ahora sí, de verdad— se realizará el mejor de los mundos posibles. El problema es que esas respuestas acríticas y furibundas, tanto de los «apocalípticos» como de los «eutópicos» e «integrados» (Eco, 1965), los condenan a desatender y a no pensar lo que hay de radicalmente nuevo y nunca visto de resultas de los avances tecnológicos. Por ello, en este artículo intentamos no caer en ninguno de estos dos errores correlativos.

De la explotación ajena a la autoexplotación

A menudo, las patologías colectivas e individuales más generalizadas en una sociedad suelen funcionar como excelentes síndromes o metáforas que permiten comprenderla. Es posible porque las enfermedades más emblemáticas tienen una fuerte relación con el tipo de sociedad y de manera de vivir. Por un lado, son resultado de las contradicciones sociales experimentadas, pero también se convierten en la simbología hegemónica a través de la cual se interpreta la realidad. Seguramente las dos cosas son inseparables, ya que toda «filosofía u ontología del presente» es una realidad causada por ese presente y —al mismo tiempo— un modelo de interpretación que condiciona su comprensión y desarrollo.

En algunos períodos ha predominado el miedo a la infección bacteriana y, por ejemplo, la tuberculosis se convirtió en una enfermedad muy emblemática en el mundo que retrató la novela de Thomas Mann *La montaña mágica* (1924). En otros momentos, se consideró prácticamente una cruzada médico-moral la lucha contra ciertos comportamientos sexuales «patológicos» como la masturbación. Lo refleja por ejemplo la película *The Road to Wellville* dirigida en 1994 por Alan Parker a partir de una novela sobre vida la del famoso doctor John Harvey Kellog.

Más adelante y oponiéndose al momento anterior, se tendió a asociar toda patología social a la represión e inadaptación neurótica. Podemos encontrar claros ejemplos en *La revolución sexual* de Wilhelm Reich, en el conjunto de la obra de Jacques Lacan y en *Eros y civilización* de Herbert Marcuse (1976). Pero aún más tarde, la última obra de Michel Foucault (1978) sobre *Historia de la sexualidad* se contrapone a aquella «tesis de la represión».

Por entonces también aparecen las deslumbrantes teorías de Gilles Deleuze y Felix Guattari (1973) en *El Antiedipo* y en (1988) *Mil mesetas* que significativamente son agrupadas bajo el epígrafe «*Capitalismo y esquizofrenia*». Muy intuitivamente profundizan en las tendencias capitalistas a «subjetivar» a los individuos como «máquinas deseantes» y, por tanto, generando patologías sociales con graves desequilibrios mentales. También asocia el capitalismo a muchas enfermedades mentales, el psiquiatra Franco Basaglia que denuncia la opresión de los manicomios y consigue que en 1978 se prohiba por ley en Italia el internamiento de personas en contra de su voluntad.

En un análisis sociológico-histórico más detallado, Eva Illouz (2009 y 2012) ha investigado los efectos sociales de todo tipo que ha tenido la utopía del «amor romántico» y la vincula a lo que llama el «capitalismo emotivo». A mediados de la década de 1980 y con la repentina enfermedad y muerte de celebridades como Rock Hudson, Michel Foucault, Freddie Mercury..., se extendió el miedo a la epidemia del «muy astuto» virus de el AIDS / sida. Apareció como una especie de nueva «peste negra» y, rápidamente, dio un golpe fulminante a muchas prácticas sexuales promiscuas extendidas entre grandes grupos sociales, mientras que algunos sectores conservadores saludaban «la nueva enfermedad» como un castigo divino.

Como vemos, esas dialécticas sociales —que entronizaban unas patologías emblemáticas por encima de otras— han determinado muchos de los más espectaculares reequilibrios en las grandes mentalidades desde finales del XIX a principios del XXI.

Actualmente sin embargo, la patología dominante arraiga en la autoexplotación sin descanso (Han, 2012), dentro de unas dinámicas sociales que exigen la constante competencia con los demás y consigo mismo. Nuevas patologías emblemáticas nacen paradójicamente cuando emerge una «sociedad del ocio» (Dumazedier, 1972) pues de las paradigmáticas tres «D» («descanso», «diversión» y «desarrollo personal») las dos últimas se imponen a la primera. Rompiendo el idílico equilibrio que Dumazedier propone, en el capitalismo cognitivo turboglobalizado la «Diversión» y el «Desarrollo personal» son vividos socialmente como necesidades inapelables y condición de posibilidad para el crecimiento de la sociedad «del consumo», «del espectáculo» y «del conocimiento».

Ciertamente hay una paradójica perversidad en el fomento por parte del capitalismo cognitivo de una profunda alianza entre consumo, espectáculo y conocimiento. Se añade además el peligro de que la información y el saber queden reducidos a mera mercancía y/o banalizados estéticamente a espectáculo y distracción (Mayos y Teresa-M Sala, 2012). Incluso, provocan nuevas y emblemáticas patologías sociales por ejemplo al minimizar el «Descanso», que es condición de regeneración, relajación y mantenimiento del equilibrio orgánico.

Podemos ver que a menudo se impone socialmente la maximización a toda costa del hedonismo consumista y de la diversión adrenalítica, al grito famoso de «imarcha, marcha, marcha, yo quiero marcha, marcha, marcha!». Como contrapartida, ya que hay que sufragar esta distracción hedonista, también se impone una incesante competitividad laboral, formativa y por el éxito profesional y crematístico. Se trata de un dilema terrible y paradójico que aprisiona la gente dentro del laberinto posmoderno del desierto, y provoca patologías «psi» que —como veremos— exigen la intervención constante de «disciplinas psi» (Illouz, 2010; Rose, 2012), las terapias, los libros de autoayuda, el coatching...

A todo ello hay que recurrir para tratar de sobrevivir, mantener el propio rendimiento y no hundirse en la obsolescencia. Es significativo que cada vez más la autoayuda, las más variadas terapias y el coatching desplazan anteriores «esperanzas de liberación y curación» como el psicoanálisis, la sexualidad «libre», las comunas e, incluso, la guía del Partido-Sindicato y la ideología. Además, también muchas utopías que antes se basaban en cambiar la sociedad o rebelarse en contra de ella, hoy son desplazadas por otras que más bien optan por adaptarse y tratar de soportarla; en definitiva se opta por conseguir sobrevivir en ella, conectado y no excluido; de mantenerse productivo, exitoso y en la cima; de estar «in-cool» y evitar caer en el «out».

Cada vez más amplios sectores de la población viven una profunda contradicción entre dos grandes presiones antagónicas del capitalismo cognitivo:

—Producir versus consumir (en ambos casos: isin freno alguno!);

—Largo entrenamiento y formación que retrasa toda recompensa al éxito final (siempre hipotético) versus el bombardeo propagandístico constante que incita al hedonismo inmediatista;

—Trabajar con gran intensidad y rendimiento dentro del taylorismo cognitivo versus disfrutar al máximo de las infinitas posibilidades de diversión y distracción que ofrece la sociedad del espectáculo.

—Reciclaje cognitivo constante para mantener a raya a los riesgos personales de precariedad, desempleo y obsolescencia (Mayos, 2016); versus mantener el individual *status quo* social para continuar «siendo alguien», lo que conlleva un enorme gasto de tiempo y esfuerzos de visibilidad en las redes sociales y el mundo «extímico» de Internet.

Se trata evidentemente de una lucha interminable y sin cuartel que con facilidad cae en la patología. El mecanismo concreto ya no es la infección, la neurosis represiva ni la inadaptación, que eran los «peligros emblemáticos» de las enfermedades sociales de períodos anteriores. Hoy es sobre todo el estrés sufrido por el organismo en conjunto, al que no se deja regenerar. El consumo, los ideales de belleza física, las presiones en el trabajo y en la diversión, etc., tienen claros efectos en todo y en todos. Por eso el ánimo desfallece, el cuerpo colapsa y la mente claudica. Sin entrar en los muchos matices médicamente distinguibles, consideramos que la afección es global en el ser humano y que así lo muestran síndromes que tienen bases comunes como son: la bulimia y la anorexia, el agotamiento psicosomático y la depresión, el *burnout* y la obsolescencia cognitiva, la fatiga crónica, los ni-ni, el ikemeso...

Muchas de esas patologías tienen claros antecedentes históricos, pero otros son sorprendentes y nunca habían estado tan extendidas ni fueron tan paradigmáticas como en el capitalismo cognitivo turboglobalizado. Paradójicamente en la era de las redes sociales virtuales donde cualquiera puede tener miles «de amigos» y una infinidad de «likes» cada día, la sensación de soledad aumenta terriblemente. Todos podemos estar conectados —sin depender del espacio ni del tiempo— gracias a la «mónada de mónadas» que es Internet, pero también parece (como apuntaba Leibniz) que no hay ventanas que se abran a ningún mundo material ni «real» (según el sentido tradicional de esa palabra).

La virtualidad de la red se cierra sobre sí misma y parece que no puede abarcar la complejidad del ser humano que es suma de cuerpo y mente, espiritualidad y hedonismo, intelectualismo y emotivismo, gregarismo e individualismo, comunidad y yo, altruismo y egoísmo, empatía y agresividad, solidaridad y odio, pasión y frialdad, etc. Asimismo, se relativizan y quedan superadas distinciones que parecían muy claras hace relativamente poco tiempo como: privado y colectivo, íntimo y público, común y secreto, compartido y reservado, ámbito de confianza y ámbito donde reina la desconfianza... Para pensar a fondo todo ese nuevo mundo mucho más difuso, híbrido, mixto y mezclado es muy útil el neologismo «extimidad» y que —creemos— define eficazmente muchos aspectos de las sociedades avanzadas contemporáneas. La sociedad de la información y las redes sociales telemáticas han roto las fronteras estancas entre lo íntimo y lo público. En Internet y cada vez más tenemos sensación de intimidad y de «estar con nuestros amigos» pero en realidad estamos expuestos a una enorme visibilidad y publicidad que nos hace más vulnerables de lo que creemos. En la sociedad del conocimiento y los Big Data La intimidad se ha vuelto pública, extímica.[2]

Culturas y formas de vivir peligrosamente patológicas

Como vemos, las patologías emblemáticas que resultan de la sociedad actual son todo lo contrario de lo que padecieron nuestros padres. El ocio ya no es «la causa de todos los vicios», sino que prácticamente de tan «extendido y generalizado» que parece hoy, incluso la diversión incluso la diversión, el consumo y el desarrollo personal se han convertido en una necesidad insoslayable y en nuevas fuentes de «tortura» social. Si el presente está amenazado por la decadencia, este será, si nuestra sociedad está amenazada por la decadencia, esta será del todo diferente a la caída del Imperio Romano teorizada por Gibbons. Pues hoy muy pocas élites —a pesar de ser más ricas que ninguna anterior— se pueden apartar de sus «deberes» de acumulación (poder, riquezas...) y de la vigilancia de sus intereses.

En la sociedad donde la comodidad se ha convertido en un aplastante icono publicitario, nadie puede retirarse del «mundanal ruido». El beatus ille es hoy imposible para todos, ya que hay que estar permanentemente movilizados, ¡ya sea para ir a Davos, al Club Bildenberg, a un congreso de dudosa categoría o a un curso de reciclaje vinculado al paro! Cada uno tiene su asunto, nivel y obligación; pero ¡hoy nadie puede prescindir de algún tipo de movilización permanente! Incluso los «parásitos sociales» cínicos y retorcidos, tienen que ser muy «industriosos» y viven en el turboglobalizado enjambre

---

2   Véase en el blog «MacroFILOSOFIA» de Gonçal Mayos los posts: http://goncalmayos-solsona.blogspot.cómo.es/2014/03/capitalismo-monotematico-y-extimidad.html y http://goncalmayossolsona.blogspot.como.es/2015/04/extimitat-distancia.html

donde «los vicios privados» —como decía Mandeville— son ostentados como «públicas virtudes».

Con una paradoja típica de la turboglobalización que acelera el proceso de «destrucción creativa», actualmente no pueden «parar» ni descansar incluso las élites más poderosas y que —si son «extractivas» (Acemoglu y Robinson, 2012)— drenan totalmente la riqueza del conjunto de la sociedad. Digámoslo provocativamente: hoy incluso las «sanguijuelas sociales» no pueden descansar ni dedicarse al «dolce far niente» que denunciaba Thorstein Veblen (1974) en su libro *La clase ociosa*. Al contrario deben estar vigilantes con un estrés similar al resto de la población. En parte es porque —como todos— están fascinadas por la acumulación y obsesionadas por el miedo a perder estatus o ser destronadas. La destrucción creativa de la modernidad capitalista turboglobalizada se nota en todos los niveles como podemos ver en novelas y películas tan emblemáticas como *La feria de las vanidades* o *El lobo de Wall Street* (aunque este comparte una inquietante inimputabilidad que tiene su extremo en *American psycho*).

Tiene razón Han (2012 y 2013) en que hoy el problema es «el exceso de positividad», de exigencia, de trabajo, de esfuerzo, de rendimiento, de éxito, de falta de descanso, de confundir ocio-diversión-turismo con consumo productivo e inversión. Tradicionalmente las élites y los triunfadores perdían poder y autoridad por relajarse en exceso (Gibbons, Ibn-Jaldún), por bajar la guardia, por improductivas, por dedicarse únicamente al *dolce far niente*. Pero en la paradójica «sociedad del ocio» en que vivimos, la práctica totalidad de la diversión, el consumo y el desarrollo personal se han convertido en un apéndice del trabajo y la producción —al menos en la forma de inversión y acumulación de capital personal.

Por el contrario, el momento clave para Dumazedier (1972) del «Descanso» es sacrificado, al ser considerado como tiempo vacío y sin sentido que debe ser «llenado» con algo: diversión, consumo, entrenamiento, formación, terapia, turismo, deporte... Solo esos otros tiempos «más llenos» «sirven» para algo, dejan un «producto» y devienen señal social objetivada en forma de *gadget*, estatus, experiencia... Solo así «llenados productivamente» pueden «funcionar» como una especie de «capital personal» y «hacerlos valer» socialmente en la línea del: yo he estado allí donde...; he batido los récords de...;

nadie me puede quitar que...; cuando nadie..., yo ya...; gracias a..., puedo asegurar que...; etc.

Conducidos por esas dinámicas desequilibrantes, vivimos en una sociedad del cansancio y la autoexplotación, bajo el peligro de finalmente caer todos «vaciados» y «quemados». Incluso, el descanso regenerador es visto como un sin sentido o —al menos— una necesidad a minimizar. Se ha perdido la alteridad entre trabajo-ocio o entre consumo-inversión; así como tampoco la hay entre intimidad y vida pública. Como hemos visto y no únicamente en las redes sociales, todo queda mezclado en una difusa «extimidad» igual en todo momento y lugar, incluso en la cama y en la vida sexual.

Se impone un patológico proceso que —desde la explotación forzada por el dominio ajeno, que teorizó Marx y ejemplificó el fordismo— ha pasado a la autoexplotación (¿libre?). También y hasta el agotamiento, se ha impuesto la competencia con uno mismo a través de la interiorización de exigencias de autosuperación. Como el dispositivo básico es la autoexigencia infinita, tarde o temprano el final no puede ser sino la derrota de uno mismo. Después de mucho tiempo negándose a aceptar cualquier señal de fatiga, asfixia, aburrimiento, bloqueo o relajación, finalmente debe llegar la total extenuación, el «*burnout*» y el no poder retrasar más la propia obsolescencia.

Lamentablemente, el capitalismo turboglobalizado condena indefectiblemente a caer bajo lo que —por otra parte— erige como el terror máximo (quizás solo igualado por el «terrorismo global»): caer en la obsolescencia, ser sustituido y —quizás incluso— acabar literalmente tirado a la basura como un mero envase vacío, que no se puede volver a llenar y que ya no es reciclable.

Como podemos ver, las emblemáticas patologías culturales actuales ya no se relacionan tanto con las infecciones, al choque social, a la represión, a la rebeldía y a la neurosis. Especialmente a partir del año 2001 y aún más del 2008, el problema ya no es tanto la represión sufrida ni el choque con la sociedad o el poder exterior. Hoy la patología nace, más bien, de la interiorización compulsiva de las reglas sociales, del personal compromiso con el poder y de la «servidumbre voluntaria» (La Boétie, 2008) resultantes del capitalismo cognitivo y del laberinto-del-desierto. A pesar o precisamente por el hedonismo espectacularizado, uno mismo se impone la permanente obligación por uno mismo (más que impuesta desde fuera) hasta la extenuación, sin descanso y más allá de toda lógica...

Paradójicamente todo el mundo es a la vez verdugo y víctima; patrón, empleado y explotador de uno mismo. También nos hemos convertido en una marca personal y nuestro proyecto vital ha devenido una especie de «empresa individual». En el extremo, ¡alguien puede terminar conceptualizando el suicidio como el despido de uno mismo cuando está descontento ante su propio rendimiento!

Ironías aparte, se extiende la interiorización de la más profunda autoexigencia, dominada por el miedo a la precariedad y la obsolescencia. No se tolera la reducción del ritmo ya sea en la producción, en el consumo, en la diversión, en el entrenamiento, en la formación, en el reciclaje cognitivo... Por eso, fácilmente la gente se trata tan duramente a sí misma, de forma similar al «padre padrone» del film de Paolo y Vittorio Taviani (1977).

Precisamente llevados por esa dinámica fáustica de anhelo total e infinito, de «lo quiero todo y ahora mismo», se acaba imponiendo el «Pensamiento Único» (Mayos, 2012a) que imperceptiblemente corta de raíz todo anhelo, toda relación, todo valor o ideal... que nos distraiga de la endemoniada dialéctica de la turboglobalización cognitiva. Aparentemente de forma indolora pero cruel y sin piedad, las nuevas subjetivaciones (Foucault, 1978) cauterizan unos deseos (quizás discutiblemente caracterizables de «propios») en favor de otros que claramente son impulsados por la influencia del biopoder en nosotros mismos. Tal como insinuó Deleuze (2002), el sado-masoquismo se está convirtiendo en la base de las subjetivaciones contemporáneas, tanto o más que el narcisismo (Lipovetsky, 2007).

La biopolítica del capitalismo cognitivo rompe pues con la explotación ajena típica de Marx y el fordismo. En su lugar impone la autoexplotación sadomasoquista del taylorismo cognitivo. Se impone pues como cruda verdad aquel dicho eufemístico, consolador y cínico del «no eres tú, soy yo». Efectivamente, ya todo pasa por la profunda interiorización y subjetivación en uno mismo... Y ganada la «fortaleza interior» el capitalismo cognitivo turboglobalizado ya puede relajar el control o flexibilizar la vigilancia.

Todo el mundo se autocontrola, se vigila a sí mismo y se expresa ya conforme al nuevo tipo de subjetivación. El terror a la obsolescencia y otras patologías emblemáticas se ha interiorizado profundamente en una cultura que tiene su mejor metáfora en el laberinto del desierto.

Patogénesis de la contemporaneidad

Para mostrar el sentido epocal que tienen las mencionadas patologías emblemáticas de la actualidad, es importante compararlas brevemente con las dominantes en otros períodos contemporáneos. Incluso parece haber (pero no es nuestro tema y puede ser un mero azar) una especie de alternancia entre periodos de patologías especialmente biológicas con otras más sociológicas.

Patología biológica bacterial (desde 1945 hasta 1961)

En la primera parte del siglo XX, para no ir a períodos anteriores, las patologías emblemáticas y que impresionaban los temores sociales eran sobre todo infecciosas y biológico-bacteriales. Es el caso por ejemplo de la tuberculosis que hace posible el microcosmos y el intenso debate ideológico-cultural que Thomas Mann sintetiza en su novela *La montaña mágica* (1924). Esta se convierte en el lugar de exilio de aquellos pudientes contaminados, en una vida de ocio, compleja convivencialidad y alta cultura. Recordemos que durante siglos la dedicación a la cultura estaba asociada a cuerpos enfermizos y a espíritus melancólicos, además de clases ricas o que tenían el apoyo de mecenas o de la Iglesia.

Pues bien, con la llegada de los antibióticos el imaginario social disminuye progresivamente el dramatismo en el imaginario social de enfermedades crónicas como la tuberculosis y el tipo muy limitado de vida a que obligaban, real y simbólico. Como refleja la película *El tercer hombre*, a partir del final de la Segunda guerra mundial se generalizan los antibióticos incluso para los derrotados y ello hace disminuir el valor emblemático y el uso social de las metáforas infecciosas que habían hegemonizado el período anterior. Hay que recordar que la búsqueda nazi de la pureza racial, estaba obsesionada por la mezcla genético-morfológica, pero también por un exacerbado miedo al simple contacto, a la contaminación o infección por los que consideraban «gérmenes o parásitos» sociales (judíos, homosexuales, asociales, «degenerados»...).

La victoria aliada y el impacto de la Shoa-holocausto colaboró decisivamente a erradicar o minimizar el explícito discurso racista en contra de toda mezcla o infección por contacto. Gracias al éxito rápido y sorprendente de los antibióticos, por primera vez en mucho tiempo la infección microbiana-bacterial parecía de posible eliminación en tanto que traumática y generalizada experiencia humana. Un resultado no menor, es que también parecen eliminables las enfermedades de transmisión sexual.

Ello marcará muchas actitudes en el período posterior y facilita la revolución sexual de los sesenta. Además ayuda a que desaparezca gran parte de la fobia vinculada al sexo y la masturbación que es claramente visible (y hoy aparece muy risible gracias, precisamente, a los avances científico-médicos) en la película *The Road to Wellville* (en España estrenada bajo el título *El balneario de Battle Creek*) sobre vida del Dr. John Harvey Kellog. Entre otras obras del Dr. Kellog —algunas eugenésicas— mencionamos: *Tratamiento contra el auto-abuso y sus efectos, datos claros para mayores y jóvenes* (1888) y *Guía para damas en la salud y en la enfermedad* (1893).

Patología social represión, neurosis y sexualidad (1961 a 1981)

Es importante no minimizar el impacto social de la curación de las infecciones de transmisión sexual, junto a la aparición de métodos anticonceptivos baratos y eficaces como la píldora. Entonces se inicia en el imaginario popular una época donde aparentemente solo la sociedad y su represión parecen amenazar a los individuos y su felicidad.

Nos parece significativo que en la tradición psicoanalítica se evolucione de Freud a Lacan. El modelo de Freud está basado en la represión de la libido, y en prohibiciones como el Edipo, el impulso de Thanatos, el principio de realidad y el malestar en la cultura que están en la base de la mayoría de los traumas. En cambio en Lacan, el centro psicoanalítico ya no lo ocupa la represión y los principios asociados sino la apertura humana al deseo y el hecho de que éste sea inagotable, hipercodificable y sin ningún punto fijo. Freud se concentraba en psicoanalizar los traumas, lapsus, sueños, etc. en tanto que signos de las heridas y represiones dolorosas que el autocontrol racional no puede inhibir totalmente. En cambio, el psicoanálisis de Lacan se concentra sobre todo en los complejos desplazamientos del deseo que nunca pueden llegar a expresarse totalmente. Vemos en el paso del freudismo al lacanismo un ejemplo del paso desde la prioridad del autocontrol al de la autoexpresión que encontramos también en otras muchas manifestaciones sociales y sus imaginarios.

Significativamente Wilhelm Reich publica en 1945 *La revolución sexual* y Alfred C. Kinsey sus famosos informes sobre el *Comportamiento sexual del hombre* (en 1948) y *Comportamiento sexual de la mujer* (en 1953). También es digno de reflexión que la Declaración Universal de DDHH (de 1948) omite toda referencia a la libertad sexual. Ello obligó a que, en su Carta a la ONU de 1951, el juez francés René Guyon la reivindicara considerando que podía ser tan importante como la libertad de pensamiento o conciencia. Por eso propone considerar como un derecho humano más que: «Toda persona tiene derecho a la libertad sexual y a la libre disposición de su cuerpo para tal fin; y nadie podrá ser molestado, procesado, o condenado por la ley por haber participado voluntariamente en actos o actividades sexuales de cualquier tipo, siempre que estas carezcan de violencia, constreñimiento o fraude.» También es muy significativo que, ya antes, un sobrino de Freud, Edward Bernays se convirtiera en un muy influyente gurú de la publicidad y el marketing.

Además por entonces las mujeres se empoderaron masivamente y apareció la llamada «liberación femenina». También influyó la participación decidida de las mujeres occidentales en la Segunda guerra mundial, en la industria y el apoyo a la guerra, hasta el punto de que cada vez más penetraron en el mundo laboral (aunque luego de la guerra se hicieron campañas publicitarias para que volvieran a las ocupaciones en el hogar, dejando a los soldados regresados los trabajos). En 1961, el presidente Kennedy nombra Esther Peterson para la nueva Comisión Presidencial multidisciplinar en favor de los derechos de la mujer y Helen Gurley Brown escribe *Sex and the Single Girl*.

Como vemos, poco a poco, el peligro ya no es representado socialmente por el otro racial, ni tampoco por enfermedades infecciosas de transmisión sexual u otras. La amenaza deja de estar radicada sobre todo en la naturaleza, en la biología y en el cuerpo, los cuales pasan ahora a ser reivindicados, idealizados y explorados libremente de nuevas maneras. Por contra y como en un mecanismo pendular, lo peligroso pasa a concentrarse en la propia sociedad y sus pulsiones represoras y autoritarias.

El imaginario popular reaccionó a esas patologías emblemáticas que centraban los peligros en la sociedad y su represión, imaginando que la liberación sexual y de las costumbres terminaría con prácticamente toda represión y con todos los traumas-neurosis de base social. Controladas las principales infecciones, la libertad sexual y el erotismo aparecen como los grandes liberadores, junto con las drogas que —contra todo argumento— se interpretan como fuente de liberación e incluso de potenciación sexual. Fueron los años del movimiento Beat, del «sexo, drogas y rock and roll», de las comunas, de los años promiscuos de Hollywood y sus artistas, de Warren Beaty a Marilyn Monroe, del Studio 54 y Andy Warhol a los Kennedy.

Fueron años en que las patologías sociales e infecciosas parecían superadas para siempre, aunque gran parte del stablishment estaba muy escandalizado. Pues además del cambio en las costumbres, esa juventud también tenía anhelos políticos como se puede ver en «Mayo del 1968» alrededor del mundo (en París, California, México...) y los posteriores años de acero (Italia). La sociedad estaba muy dividida por clases, grupos de edad, valores y expectativas vitales. Pero todos coincidían en que el peligro eran los «otros» ya sea una juventud decadente o unos adultos y clases conservadoras que se negaban a encarar una vida más libre o, al menos, dejar que otros intentaran vivirla.

Patología biológica viral-AIDS (1981-91)

De forma sorprendente y un tanto traumática terminó ese optimismo en que la represión y las neurosis prometían ser superadas o apaciguadas en base a la liberación sexual y de las costumbres. Fue con la aparición de el AIDS/sida como un nuevo tipo de epidemia que viajaba en avión y parecía afectar más a la gente famosa y rica que a la pobre: Rock Hudson, Michel Foucault, Freddie Mercury... Después de un cierto secretismo, pronto cundió el pánico precisamente en los grupos que parecían haberse beneficiado más de la liberación sexual y de las costumbres como por ejemplo los gays. Y con cierto entusiasmo de los grupos religiosos fundamentalistas el AIDS vuelve a patologizar emblemáticamente el peligro de infección, especialmente sexual.

Con gran sorpresa, una sociedad que creía haber controlado las grandes enfermedades infecciosas, vuelve a sufrir el pánico ante la patología biológica mortal e incurable, en forma de un astuto virus que destruye las defensas corporales y no puede ser erradicado con antibióticos. Fuera o no un castigo divino como en Sodoma y Gomorra, el reflujo en la libertad sexual fue instantáneo y traumático.

También lo fueron los esfuerzos y la enorme financiación para investigar posibles curas para el AIDS. Todo fue tan rápido como traumático y transmitido en directo por todos los mass media: en 1981 se describe científicamente el primer caso de AIDS, en 1983 se consigue aislar el virus y en poco más de una década se descubren distintos cócteles de medicamentos que convirtieron en crónica la enfermedad. Desde entonces han muerto alrededor de 6 millones y medio de personas en todo el mundo y se han infectado unos 40 millones. Cada vez más estos afectan a personas y países pobres, por ejemplo de África, pero la paranoia y el imaginario de la infección patológica había renacido y se resistiría a volver a desaparecer a pesar de los avances médicos. Nuevas epidemias y miedos fueron sucediéndose: Ébola, gripe aviar...

En un orden más filosófico, pero también muy significativo, una de las víctimas más famosas del AIDS, Foucault, ya había empezado a anticiparse a la realidad que se avecinaba. Había empezado como psicoanalista pero oponiéndose a la teoría freudiano-marcusiana de la represión. Incluso en sus cursos y obras finales, afirma claramente que la sexualidad no es ni puede ser la cura (ni la causa última) de todas las represiones ni neurosis, pues básicamente es otro complejo mecanismo-dispositivo social, de saber-poder y de subjetivación.

En medio de esa paranoia mediática, incluso el terrorismo global ha sido analizado como una cierta contaminación-radicalización por ideas peligrosamente infecciosas, pero por otros canales de tipo neurológico, doctrinario o sectario. Sin embargo, actualmenteno no se interpretan tanto como inadaptación, neurosis ni represión (que tanto preocuparon al freudismo). Sin embargo, actualmente no se dan tanto por inadaptación como la neurosis y la represión que tanto preocuparon al freudismo. Pues como hemos dicho la nueva patología emblemática pasa a tener sobre todo una base neurológica y causas sociales. Como hemos dicho ya, la nueva patología emblemática era sobre todo neurológica y con causas sociales vinculadas a la forma de vida.

Se asociaba al agotamiento resultante de un nivel de autoexigencia férreamente sostenido en el tiempo, a la depresión, al trastorno por déficit de atención con hiperactividad (TDAH), al trastorno límite de personalidad (TLP), al síndrome de desgaste ocupacional (SDO)... Como también había analizado Foucault, enlazaba con el hecho (1982: 33) de que en la modernidad la práctica totalidad de la vida humana —el cuerpo y la mente— es puesta intensivamente a producir por una omnipresente biopolítica y toda una serie de disciplinas «humanas» que buscan canalizar y maximizar su productividad.

La potente seducción que el capitalismo cognitivo y postfordista es capaz de generar provoca deseos y subjetivaciones que impulsan esa dialéctica «aparentemente libre» e insaciable que nos hace rechazar todo descanso. El consumo fáustico imposible de satisfacer encuentra ahora su complemento más efectivo —como hemos visto— en una nueva obsesión por la productividad cognitiva y el pánico cerval a la propia obsolescencia.

Como vemos hay una constante retroalimentación del tipo hegemónico de sociedad y de vida con respecto a las patologías emblemáticas o mayoritarias. ¡Y también en dirección contraria! Por eso unas van cambiando con las otras siguiendo las transformaciones históricas, sociales y políticas. Continuaremos profundizando en las patologías que en la actualidad parecen impulsar a la humanidad hacia una acelerada obsolescencia, a la vez que precarizan y desempoderan muy dolorosamente a la mayoría de sus miembros.

Siete límites. La humanidad amenazada por su propio éxito

Malthusianismo en la información

Por una parte, tenemos las patologías provocadas por el crecimiento malthusiano (en progresión exponencial) de la cantidad de información generada colectivamente y que difícilmente puede ser asumida por el limitado crecimiento (básicamente en progresión aritmética) de las capacidades biológicas y sociales con que los individuos deben procesar esa enorme cantidad de información. Por ello, y cada vez más, el individuo se siente obsoleto frente al alud informativo que conjuntamente crea la humanidad en la era de Internet y la sociedad del conocimiento que, por eso mismo, puede convertirse en la sociedad de la ignorancia (Mayos y Brey, 2011).

Se trata de una amenaza angustiante si tomamos conciencia de la distancia creciente que media entre la producción social y colectiva de conocimiento, con respecto a nuestra capacidad personal para procesarla. Hoy todo el mundo está generando información (no solo los escritores o los intelectuales) en el propio trabajo profesional, sino también en los «Big Data» que marcan nuestras trazas de consumo... Hoy ya es indiscutible que toda esa información no es procesable por las personas, por dedicadas e inteligentes que estas sean.

Por eso, cada vez más, la cultura viva, vivificante, en acto y poseída realmente por la gente es sustituida y sepultada por memorias de silicio que conservan información de forma básicamente inerte, pasiva y a la espera de una persona real —no virtual— que las active y haga revivir. Cada vez más las experiencias existencialmente poderosas, que tan claves son para hacer posible una auténtica existencia humana, quedan codificadas y momificadas a través de procesos mecánicos. Los dispositivos y servidores informáticos permiten conservar cantidades enormes de información que —cada vez más— solo puede ser tratada, recuperada, procesada y rentabilizada a través de procedimientos mecánicos, de Big Data e inteligencia artificial. Ahora bien lo que necesita el conjunto de la población no es tanto eso, como nuevas síntesis que (a partir de esa significativa información) la empodere y ayude a orientarse en un mundo cada vez más complejo. La humanidad no puede realizarse en una mera «cultura mosaico» (Moles, 1978), formada por retazos fragmentarios de piezas hiperespecializadas de un puzzle incompleto y caótico.

Evidentemente hay mucho que hacer y tampoco podemos cerrarnos al desarrollo cognitivo, en especial en el capitalismo actual, que tiene su base más poderosa y productiva en las TIC. Todavía quedan muchos esfuerzos educativos y tecnológicos (como veremos) que pueden evitar o moderar la obsolescencia cognitiva de la gente. Por ejemplo, debe profundizarse en la motivación empática por lo común, la cultura compartida y las tareas con sentido humano global, que hoy se tienden a sacrificar en favor de la lucha por mejorar la pericia profesional individual.

Insistimos (Mayos, 2014) en la necesidad imperiosa de que las universidades y otras instituciones del saber asuman con todas sus consecuencias el reto de volver a sintetizar «la cultura general» o «global» —como se dice hoy—, que necesita la humanidad para orientarse existencialmente y encontrar un sentido «macro» en el complejo-cambiante presente. [argumentos y no invocaciones] Aquí la filosofía tiene una vez más un importante papel a jugar (Mayos, 2013a), precisamente porque lo jugó con anterioridad y ninguna otra disciplina ultraespecializada lo asume hoy. La «madre de todas las ciencias» y la matriz desde donde se emanciparon e hiperespecializaron debe asumir el reto de volver a sintetizar macrofilosofías inter y transdisciplinares. Analizando el proceso de separación de los saberes, la filosofía del siglo XXI tiene que hacer dialogar críticamente esos saberes especializados entre sí. Tiene que fomentar y guiar una adecuada síntesis para encarar los retos del presente y el futuro.

Solo así, todos y cada uno de los individuos pueden plantearse construir proyectos personales y colectivos de futuro. Solo con unas macroestructuras sintéticas del conjunto del saber disponible en un momento dado, la ciudadanía puede atender con rigor y críticamente a su imprescindible vigilancia de las democracias nacionales, pero también del camino que toma la humanidad en retos tan complejos como p. e. el cambio climático, el sentido del desarrollo tecnológico, las crisis humanitarias, la universalización de los derechos humanos especificando ¿cuales son y qué sentido tienen?, la administración pensando en las generaciones futuras de los escasos recursos naturales, decidir sobre cuestiones siempre difíciles como el aborto, la eutanasia, etc.

Ahora bien dada la desproporción malthusiana que hemos explicitado, la humanidad también tiene que aprender a convivir con la expansión cognitiva y vivenciarla sin dramatismo ni especial angustia. El lema socrático «tan solo sé que no sé nada» es cada vez más condición humana universal, aunque paradójicamente todos tenemos hoy más información que los más sabios que hubo en el pasado. Se trata de una ignorancia, incultura o desconocimiento que nace del exceso de información y de la aceleración increíble de los cambios sociales y tecnológicos.

Con la turboglobalización todos experimentamos un cambio constante, creciente, y en todas partes, que culmina la tendencia del capitalismo moderno por la «destrucción creativa» (Schumpeter, 1966) hasta el punto de que —como dijo Marx— todo parece desvanecerse en el aire. Todo parece indicar que a medio plazo la turboglobalización incluso se incrementará, por eso la humanidad debe aprender a convivir con ella y —especialmente— a controlarla para que no ponga en peligro su propia existencia, para que la obsolescencia no sea el destino de lo humano. ¡Hay que aprender a superar esa alienación que enraíza profundamente en la Modernidad aunque quizás triunfa especialmente con el postmodernismo!

Ruptura en la naturaleza del saber y las capabilities necesarias

Por otra parte, actualmente estamos experimentando un acelerado y profundo cambio en los procesos básicos (digamos los «sistemas operativos») a través de los cuales la humanidad crea, codifica y transmite la información. Cada una de esas transformaciones convierte en muy difícil el acceso y tratamiento de la información anteriormente codificada ¡con independencia de su naturaleza, cantidad o calidad! No estamos hablando aquí de cambios cuantitativos sino radicalmente cualitativos que transforman profundamente la relación de la humanidad consigo misma, con su cultura, su historia, sus conocimientos, su tradición, sus hiper-bienes (Taylor, 1996), valores supremos, derechos humanos y grandes ejes éticos (Jaspers, 1995).

Tales significativas transformaciones ya se dieron —por ejemplo— con el paso de las sociedades orales a la escritura, cuando prácticamente toda la cultura e información oral tuvo que ser recodificada por escrito. Pero no fue un proceso sencillo, ni neutro, sino que transformó profundamente lo transmitido (Havelock, 1996; Goody, 1986 y 1985). Además condenó al progresivo olvido todo aquello que no se adaptó a la escritura por su naturaleza.

Por ejemplo, en la transmisión de los mitos, quedó prácticamente extirpada la parte ritual de éstos, su vertiente vitalmente participativa y en continua recodificación por la interacción de la comunidad. Tan solo persistieron —si bien profundamente adaptados y reinterpretados por las necesidades de las nuevas sociedades escritas— algunos de sus elementos narrativos. Estos además se intentaron codificar de manera sistemática (Hesíodo, Homero...) formando las famosas genealogías de dioses o los mitos fundadores cosmovisionales, y obviando gran parte de la riqueza de sus variaciones alternativas y distintas versiones en pugna.

Un salto muy parecido sucedió con la aparición de la imprenta de caracteres móviles. Toda la cultura anterior, que estaba perdiendo los últimos rastros realmente auténticos de las culturas orales, debió ser recodificada con letra impresa. Naturalmente sobrevivieron algunos bellísimos manuscritos miniados, etc. que hoy nos admiran. Pero la cultura en conjunto mudó profundamente y se generalizaron nuevos fenómenos como la lectura silenciosa (es decir sin leer en voz alta y sin mover los labios) y en privado cuando no en estricta soledad (lo cual cambió profundamente la relación de las personas con lo leído; Briggs y Burke, 2002). También fomentó la alfabetización creciente de la práctica totalidad de la población, la aparición de nuevos géneros de gran influencia como los diversos tipos de novela (de costumbres, sentimental...) o la eclosión de los medios escritos de comunicación de masas (periódicos, revistas...).

Todo se transformó, pues hasta el descubrimiento de la escritura, la humanidad confiaba la cultura a la memoria de los ancianos, a la enseñanza oral y al ejemplo personal. También se basaba en la inteligencia social alimentada de rituales performativos que impresionaban vivamente a toda la comunidad congregada de forma sorprendentemente igualitaria. En cambio y más adelante, con la escritura, se insistió en consignar la cultura en tablillas, pergaminos, folios de papel y —hoy— en las memorias de silicio.

Puede parecer que son cambios meramente superficiales, pero no lo son, pues por ejemplo durante siglos se fue minimizando la cultura social hecha por uno mismo y compartida vivencialmente en público. En cambio, aumentan las aproximaciones muy individuales, solitarias, íntimas e —inevitablemente— menos igualadoras al ingente fondo de memoria colectiva en Internet. Quizás algún aspecto de la catarsis inmediatista de la televisión ha invertido recientemente esa tendencia al menos con ciertos eventos (muerte de Kennedy, primer alunizaje, el atentado del 11-9-2001) y algunos espectáculos mediáticos y deportivos masivos.

En todo caso, ya con las grandes bibliotecas de papel, pero todavía más con la memorias de silicio, la cultura deja de ser un ritual vital, público y colectivamente compartido; para ser sobre todo una lectura silenciosa, íntima, privada, individualizada e incluso en difusa competencia cognitiva (similar a la laboral que fomenta el capitalismo). Tales cuestiones son muy importantes pues son claves para el ocaso del «hombre público» (Sennett, 1978) y la creciente depauperación de la «opinión pública» (Habermas, 1981). Incluso colaboran en la actual impotencia de la política, la disolución de los fuertes lazos de solidaridad comunitaria y el desapego de gran parte de la población con respecto a lo común. Todo ello ha dejado de ser el resultado de una presencia pública, colectiva, constante y vital de la gente, que en cambio se ha encerrado en la vida privada y en sus asuntos.

Pues bien actualmente estamos viviendo revoluciones similarmente profundas como el paso de los medios analógicos a los digitales, la eclosión de un mundo virtual perfectamente confundible con el «real» (filmaciones y aparatos que permiten ver en tres dimensiones en tiempo real...). En cada uno de estos casos, la totalidad de la cultura debe ser transferida y recodificada —con profundísimas transformaciones y muchos olvidos— a los nuevos formatos, sistemas operativos y tecnologías.

Hay que salvaguardar lo humano y el sentido propio de «cultura» y «civilización» ante metamorfosis tan radicales, que condenan a la obsolescencia a amplias capas de la población. La alta cultura elitista, la tradición reductivamente humanista o científica, e incluso el sentido clásico de civilización están siendo profundamente transformados y se corre el peligro de que dejen de tener sentido para la humanidad o no sean adecuadamente accesibles.

No ha de extrañar pues, que las personas humanas que viven esas aceleradas transformaciones rupturísticas y revolucionarias se sientan angustiadamente amenazadas al tener que reiniciar sus procesos de aprendizaje y entrenamiento de forma reiterada. Incluso deben —se dice— reinventarse profesional y vitalmente, además de adquirir a gran velocidad nuevas habilidades y pericias. Pues, en caso contrario, fácilmente se hunden en diversos tipos de obsolescencia y pasan a engrosar el número de nuevos analfabetos, parados y precarios. No es extraño, pues, que tales brutales retos sean vividos de forma angustiosa y estresante; especialmente si no se reflexiona sobre ellos ni se intentan prever sus peores consecuencias. Ya hemos visto cuán terrible es el laberinto del desierto, por eso hoy es acuciante ofrecer a la gente algún tipo de mapa y de alforjas para encararlo.

Nuevos «fenómenos-inter»

Muy vinculadas a las dificultades ya mencionadas, prevemos obsolescencias resultantes de los nuevos «fenómenos-inter» que marcan la turbo-globalización. En muchos sentidos los complejos procesos de integración (económica, política, jurídica, cultural, disciplinar...) generan nuevos y difíciles laberintos que a veces son como el tradicional, hecho de muros, puertas cerradas y callejones sin salida. Pero otras veces son vivenciados por la población más bien como páramos estériles y sin fin, por los que se la obliga a transitar sin la menor guía, sin consciencia de los límites, en la más estricta soledad y con grave riesgo para la salud mental.

Aunque consideramos que en la actualidad proliferan muchos tipos distintos de «fenómenos-inter», destacamos en este libro nos centramos en los tres que nos parecen más importantes:

—La interconstitucionalidad resultante de procesos de integración política y económica como la Unión Europea.

—La interculturalidad creciente que está muy vinculada a las emigraciones y la creciente movilidad humana.

—La interdisciplinariedad que está impulsada por la creciente consciencia de la necesidad de tratar los riesgos globales, de gran complejidad y que terminan afectando a cualquier ser de la Tierra.

En primer lugar, analizamos la interconstitucionalidad resultante de procesos de integración política y económica como la Unión Europea. En segundo lugar, estudiamos la interculturalidad creciente que está muy vinculada a las emigraciones y la creciente movilidad humana. Finalmente hablamos de la interdisciplinariedad que está impulsada por la creciente consciencia de la necesidad de tratar en toda su complejidad los riesgos globales, de gran complejidad y que terminan afectando a cualquier ser de la Tierra.

No cabe duda de que los mencionados «fenómenos-inter» (Mayos, 2015b) y otros parecidos están transformando rotundamente nuestras sociedades. Así plantean importantes retos adaptativos para las instituciones (por ejemplo las de los Estados-nación modernos) y las personas. Éstas ven ampliarse y complicarse su mundo existencial y, cada vez más, tienen que relacionarse con instituciones más grandes, más complejas, más alejadas, pero que —a la vez— afectan muy profundamente su vida cotidiana. Así la Unión Europea parece una lejana superestructura administrativa para la mayoría de los europeos pero, sin embargo, sus leyes y acuerdos los afectan cada vez más continua y determinantemente.

Las nuevas generaciones también deben relacionarse crecientemente con culturas, valores y formas de vida con las que deben compartir su entorno más inmediato, cuando hasta hace poco eran más bien un referente relativamente lejano. Ahora la interacción crece y la mezcla convivencial en un mismo territorio obliga a complejos procesos de interculturalidad que ponen en riesgo las habituales convicciones y «zonas de confort» ideológico de los distintos grupos étnicos y culturales.

Finalmente también todas las cuestiones epistémicas muestran hoy cada vez más su mutua implicación: desde las médicas a las tecnológicas, desde las humanísticas a las artísticas y desde las sociales a las políticas. Ello es un gran reto para todo el mundo. Aunque a veces se obvia, en primer lugar lo es para una población cada vez más desorientada ante las propuestas cognitivas que se le ofrecen. El conjunto de la población necesita de buenas coordenadas cognitivas interdisciplinares en su vida cotidiana y para poder ejercer su función democrática de alta vigilancia de las instituciones.

En segundo lugar, pero con mucha más responsabilidad e —incluso— culpabilidad por dejación de sus funciones, es uno de los más acuciantes retos para las instituciones científicas y académicas, para los expertos, técnicos y eruditos, y para el mundo laboral o profesional. Ellos son los que deben ofrecer al conjunto de la población los nuevos marcos cognitivos básicos, la «cultura general» válida para el presente y la «macrofilosofía» que permite comprender sintéticamente las complejidades de las ciencias ultraespecializadas.

Como vemos, la turboglobalización muestra un mundo tan complejo que solo puede comprenderse mínimamente a partir de análisis inter, trans, poli, multi e —incluso tendencialmente— postdisciplinares. Y es que hoy se convierte en un reto cada vez más acuciante distinguir las voces relevantes y ser capaz de entresacar sentido de los muchos ecos cacofónicos que parecen destruirse entre sí.

Como discutiremos, hoy es prácticamente imposible que haya «hombres del renacimiento» capaces de asumir ese gran reto de forma personal. Pero sí que es imprescindible que lo asuma colectivamente la humanidad, especialmente las universidades e instituciones educativas. Pues precisamente porque se ha roto la síntesis de la «alta cultura humanística» tradicional, es hoy más necesario que nunca volver a reconducir las caóticas voces y los infinitos ecos ultraespecializados hacia una síntesis macrofilosófica e interdisciplinar que pueda permitir comprender su presente a la gente. Solo así la población dejará de sentirse cognitivamente obsoleta y podrá empoderarse de nuevo para ejercer su imprescindible y crítica vigilancia democrática.

Del proletariado fordista al cognitariado y precariado postfordistas

En cuarto lugar, analizamos la transformación social, tecnológica, laboral y profesional consecuencia de la retroalimentación de las TIC, de la sociedad del conocimiento y del capitalismo cognitivo. Volviendo a la metáfora de los dos laberintos, la condición del nuevo cognitariado postfordista es asimilable al largo y cansado cruce del desierto. Requiere gran motivación y convicción en las propias posibilidades, pues la meta no está a la vista y la tentación es dejarse caer en la primera sombra que se encuentre y limitarse a esperar que alguien venga al rescate.

Pero se nos dice que quien realmente tiene opciones es aquel que no se rinde y camina y camina sin parar. Eso equivale en la sociedad del conocimiento a formarse continuamente en los más diversos ámbitos, pues nadie sabe exactamente cuál de ellos garantiza encontrar la salida al laberinto o un oasis en el que descansar momentáneamente. También hay que reciclarse sin pausa, pues los vientos y las tempestades cambian continuamente las dunas, entierran los viejos oasis y —quizás— permiten que se hagan posibles otros, que otras vetas de agua puedan ser accesibles cuando ayer no lo eran.

En la sociedad del conocimiento, la ignorancia y la obsolescencia son las grandes amenazas. Formación y entrenamiento cognitivo por tanto son inacabables, siempre abiertos y en perpetuo reciclaje. Pero además las recompensas son pocas y muy diferidas en el tiempo. Se sabe que, si se consigue una gran innovación o un potente descubrimiento, la dialéctica preponderante de «el ganador se lo lleva todo» hará que los rendimientos sean espectaculares... pero lamentablemente solo a unos pocos afortunados.

En definitiva, tanto la formación (la «inversión en uno mismo» si se prefiere), como el camino bajo el sol del desierto, son larguísimos y agotadores, y además son legión los que han desfallecido perdidos en ese mar de arena. En cambio, los oasis son pocos aunque muy tentadores y —se nos dice hasta la saciedad— no hay salida al desierto, no hay más allá, no hay alternativa al capitalismo cognitivo, pues por ahora no hay otro sistema en el que vivir.

La única opción «de triunfo» que se sugiere en tal situación es *¡Camina o revienta!* Es el muy adecuado título escogido para un libro autobiográfico (1977) del famoso delincuente y fugitivo Eleuterio Sánchez, quien consiguió regenerarse y convertirse en abogado y escritor. Otros libros suyos son también sugerentes para lo que comentamos: *Mañana seré libre* (1979), *Entre sombras y silencios* (1983) y *Cuando resistir es vencer* (2013).

Pues hay que avanzar con gran ambición, a buen paso, superando todos los traspiés, con gran resiliscencia y hasta el último aliento. Hay que hacerlo además en dirección a una meta hacia la que muchas veces preferiríamos no ir o que es más intuida que real. También hay que evitar pensar en la crueldad de la situación, pues esas «emociones negativas» —se dice en todos los libros de «autoayuda»— dificultan obtener el éxito. Por tanto jamás hay que preguntarse (¡cosa muy para un filósofo!) si valen la pena esas alforjas y tales esfuerzos para esa meta.

Además la gente que cruza el desierto o bien va en avión a gran altura, o en un veloz Jeep sin preocuparse ni en mirar por la ventana, o bien se arrastra por la arena con la misma cansada mirada y falta de dirección clara. Todo parece confabularse para que los náufragos en el mar de arena que es el desierto, apenas puedan ayudarse. En el capitalismo cognitivo neoliberal casi nadie está dispuesto a compartir su personal provisión de agua y todo el mundo compite con todo el mundo buscando las pequeñas afloraciones de agua que permiten sobrevivir hasta llegar a un verdadero oasis.

Incluso se presupone que el oasis tan solo permitirá vivir (bien) a uno o unos pocos, y por tanto la competencia es feroz para llegar a uno, apoderarse de él y sacar el máximo rendimiento vendiendo su agua y recursos a los que llegan más tarde. También hay competitividad para buscar secretamente la mejor manera de extraer agua de zonas antes inaccesibles o donde era desconocida.

Por otra parte como las dunas y las arenas cambian continuamente, también lo hacen los mapas y el conocimiento del desierto. Todo tiene que ser actualizado a gran velocidad, haciendo que lo que ayer era conocimiento con «gran valor añadido», hoy sea mera erudición o —aún peor— mentira, un «falso plano del tesoro». El experto guía de ayer puede estar hoy «*burnout*», «quemado». Como en las películas ya solo es un sucio alcohólico desengañado, obeso, vago y que vive de engatusar a incautos. Pero en la realidad puede parecerse perfectamente a un elegante y brillante ejecutivo o a un seductor y prometedor «coach», sin que lamentablemente sus enseñanzas tengan muchas más garantías.

Parece cumplirse pues, lo que avisaba Jean Baudrillard (1981; Mayos, 2010): en el desierto de lo hiperreal ya no cabe la distinción entre realidad y representación, verdad y mentira, ilusión y desilusión... Tan solo el simulacro dice «verdaderamente» lo que es: irrealidad, simulación. Quizás por cansancio, claudicación o obsolescencia de la condición humana ante retos tan brutales, la muy prometedora «sociedad del conocimiento» se convierte peligrosamente en sociedad «del riesgo» (Beck, 2006), «del espectáculo» (Debord, 1999) o «de la ignorancia» (Mayos y Brey, 2011).

Por la infinitud de la dialéctica entre conocimiento y realidad en una sociedad turboglobalizada y en cambio permanente («la mer, la mer toujours recommencée» cantaba Paul Valery en su *Cementerio marino*), también el cognitariado exitoso de hoy se siente amenazado por mil formas de obsolescencia. No es extraño pues que el cognitariado tienda a ser «precariado» (Mayos, 2013) tan solo por las dificultades —obvias por lo que vamos diciendo— de mantener su pericia al día y evitar caer en la obsolescencia ¡la gran patología de la actualidad!

También es precariado mientras lleva a cabo su larguísima formación y costoso entrenamiento cognitivo. No lo evitará —evidentemente— el que quizás reciba alguna pequeña beca y ejerza algún trabajo temporal, a tiempo parcial o mal pagado. Como los perdidos en el desierto sin fin, tendrá que formarse y devenir auténtico «cognitariado» en cambiantes situaciones de constante precariedad. En el capitalismo cognitivo postfordista muy poca gente —si alguna— supera duraderamente la vulnerabilidad de la obsolescencia y evita ser precario. Por eso podemos decir que: actualmente ser cognitariado es condición de posibilidad para simplemente ser. Y ser precariado es lamentablemente el añadido casi inevitable a ser cognitariado en el constante cambio turboglobalizado. ¡Cognitariado es precariado!

Desempoderamiento ciudadano

También destacamos la desempoderante complejidad de la sociedad del conocimiento, pues más bien desespera a la población, a pesar de haber nacido bajo efectistas promesas de liberación y empoderamiento. El capitalismo cognitivo provoca desilusión y angustia a pesar de usar nuevas tecnologías y posibilidades que superan la clásica verticalidad entre unos pocos emisores activos y millones de receptores pasivos.

Sin duda, hoy fácilmente cualquiera puede convertirse en emisor de su visión del mundo, su ideología y sus intereses permitiendo diálogos y comunicaciones mucho más horizontales y globales que nunca antes. Hemos visto que ello ha sido social y políticamente clave en conflictos políticos que mezclan complejamente beneficios e inconvenientes. Nos referimos por ejemplo y sin prejuzgarlos al movimiento del 15M o de Occupy Wall Street, de las llamadas primaveras árabes al terrorismo global, desde el fenómeno hacker al movimiento altermundista internacional (Montero y Sierra, 2016).

Todos ellos, incluso con sus contradicciones, han obligado a las instituciones de los viejos Estados-nación, pero también a las cada vez más fuertes de la gobernanza mundial o de integraciones regionales, a prestar atención renovada a la ciudadanía. En cierto sentido han mitigado una creciente tendencia a la tecnocracia del «experto» y, por tanto, al desempoderamiento ciudadano que resulta de la complejización de las sociedades avanzadas y las crecientes amenazas de obsolescencia cognitiva que impulsan a la gente a focalizarse en sus asuntos profesionales y privados.

Pero rebrotan también poderosas tendencias desempoderadoras que son muy peligrosas, pues una democracia de calidad solo es posible bajo la vigilancia constante de unos ciudadanos críticos y empoderados. En caso contrario, la libertad termina reducida a la mera formalidad del voto cada cierto tiempo y a una representación política dirigida demoscópica y populistamente. El ágora política abierta, inclusiva, solidaria y común a todas las personas es quizás la obra más compleja y esquiva de la humanidad. Como dijo Friedrich Schiller: la obra más bella, importante, difícil y «total» (ya que incluye todos los aspectos) de la humanidad es una constitución libre.

Sorprendentemente en la era de las masas y del voto universal, de los derechos civiles y humanos, de la no discriminación por géneros, razas, religiones, ideologías, lenguas…, los ciudadanos —que han luchado y han conseguido todo eso— sienten impulsos a renunciar a todo ello y volver a recluirse en su vida privada, pero también al subordinado estatus de súbdito. Todo parece confabularse para que la población olvide la tarea política común (Arendt, 1993), se retire a la «labor», la profesión o el «trabajo» privados.

Ya hemos destacado la gran angustia que universalmente experimenta la población ante la rápida «destrucción creativa» del conocimiento la impulsa a limitarse a evitar su obsolescencia profesional y —por tanto— dejar de ejercer la vigilante ciudadanía que tan esencial es para la democracia de calidad. El neoliberalismo, pero también muchas dinámicas de la «sociedad del conocimiento», actúan relegando lo común y la crítica informada de la política que los ciudadanos deben ejercer. La incultura política y humanística crece a la vez que todos luchan por ser expertos hiperespecializados y aumenta el poder de la tecnocracia.

El capitalismo cognitivo tiende —más allá del impulso horizontal de algunas TIC— hacia un nuevo verticalismo tecnocrático, ya sea en la forma más paternalista, la populista o la declaradamente dictatorial. Tan solo el empoderamiento y la acción persistente de los ciudadanos evitarán esa deriva que, en cambio, se acentúa enormemente cuando se encierran en lo privado y dejan lo público-común en manos de presuntos «expertos».

El ciudadano pierde el control de la política, de la sociedad e, incluso, de su ciudad (Lefebvre, 1968). También pierde el ideal que le entrelazaba como el más potente «hilo conductor» a la «pólis» griega, la «civitas» romana (más que la «urbs» básicamente física), los burgos medievales cuyo «aire hace libre», las ciudades-estado o las «hansas» de ciudades de la Europa renacentista y las populosas metrópolis «luz» de la Modernidad. El ciudadano cognitivo renuncia paradójicamente a conocer y controlar la máquina cognitiva más poderosa que —con seguridad— ha creado la humanidad: la ciudad, las modernas metrópolis y sus adyacentes «zonas creativas» (Florida, 2010).

En tal situación y precisamente intentando evitar su obsolescencia cognitiva, aparece otra muy destructiva patología político-social: la obsolescencia en tanto que ciudadanos de la mayor parte de la población. Como en tiempos pasados que tanto costó superar, los ciudadanos se degradan a meros «súbditos» —eso sí muy halagados por los mass media y adormecidos por el «espectáculo» de la representación «democrática».

Desempoderados y a merced de unas élites también cognitivas y tecnocráticas que fácilmente devienen extractivas (Acemoglu y Robinson, 2012) y que —como veremos— perpetúan su poder tanto por barreras económicas excluyentes, como por ejercer una poderosísima «hegemonía cultural» en forma de pensamiento único.

Revolución tecnológica, nuevos analfabetos y élites extractivas

En una muy sugerente metáfora, Bauman compara la turboglobalización actual con la navegación de los enormes y muy sofisticados petroleros. Son tan grandes y aparentemente están tan protegidos de los avatares marinos que navegan básicamente a través de medios tecnológicos (radares, GPS...) y por tanto no hay nadie que mire con sus propios ojos el mar.

Evidentemente no es un problema de falta de medios (el uso de drones en estos casos pueden conseguir perspectivas muy concretas y fiables), sino de falta de interés e indiferencia ante unas posibilidades que «no interesan demasiado». La consecuencia es que todos los fenómenos que no captan las tecnologías más usuales, simplemente no «existen» para la gente del superpetrolero y no harán demasiado esfuerzo para cambiar esa situación.

Ello incluye a los bastante frecuentes náufragos o incluso pequeños veleros que pueden ser atropellados y hundidos por el gigantesco petrolero, sin que este lo note ni por tanto se preocupe de salvar a los damnificados.

Así se comporta en gran medida el capitalismo turboglobalizado actual en tanto que sistema hegemónico, sin límites, sin «afueras» y sin posible rival. Sus verdaderos ojos, oídos... sus «ventanas» al mundo, un cierto modelo de TIC y —por tanto— no concibe ninguna otra mirada o atención «humana» hacia el exterior.

En consecuencia, el capitalismo cognitivo turboglobalizado actúa como la metáfora «del petrolero» y la «mónada de mónadas» de Leibniz. Esta no tiene ni necesita «ventanas», precisamente porque tiene en sí misma el conjunto de las perspectivas del mundo, todos los enfoques posibles, el aleph de Borges. El capitalismo cognitivo confía por tanto y tan solo en las TIC más habituales, en los flujos virtuales que generan las grandes fortunas y ruinas, en Internet concebida como la «Biblioteca de Babel».

Por tanto mientras la población experimenta su vida como el agotador y desanimante cruce del laberinto del desierto, el capitalismo cognitivo lo cruza de forma totalmente autista como nuestro «petrolero» y tan solo preocupado por las labores y fiestas que en su interior se celebran. Nada más importa, nada más es percibido, nada más conoce, nada más «existe» para ese capitalismo que —no obstante— tiene el atrevimiento de llamarse «cognitivo».

Esa metáfora del petrolero, como antes las de los dos laberintos, del aleph, de la biblioteca de Babel... describe muy bien la crueldad, la indiferencia y las crecientes desigualdades (muy bien cuantificadas por Piketty, 2013). Los que pilotan el petrolero cognitivo, capitalista y turboglobalizado viven tan solo su «fiesta» particular y se benefician enormemente del conjunto. En cambio los que no lo pilotan y, aún más, los que viven fuera de ese enorme petrolero experimentan creciente vulnerabilidad (Mayos, en prensa), obsolescencia, desempoderamiento y barbarie (Mayos, 2014 y 2012b). Pues incluso, como hemos apuntado, fácilmente pueden chocar y ser hundidos por el petrolero, en un indiferente desconocimiento general que cuestiona profundamente el imaginario mítico creado en torno de la «sociedad del conocimiento» (Mayos y Brey, 2011).

Ciertamente, no solo hoy se experimentan las crueldades y desigualdades de los sistemas productivos y de los grandes cambios históricos. Toda revolución —y la destrucción creativa típica del capitalismo es una revolución constante— genera unos beneficiados y unos damnificados. La revolución cognitiva también lo hace y consagra enormes diferencias. Unos se pierden por el laberinto del desierto; son excluidos, vulnerados (Madrid, 2014; Mayos, en prensa) y expropiados; se convierten en nuevos analfabetos y están amenazados con la obsolescencia. Otros son los grandes beneficiarios, se convierten en élite, en élite extractiva e —incluso— en élite extractiva global.

Recordemos que entre los grandes perdedores de la crisis post2008 está la política, pues mayoritariamente todavía está muy vinculada a los Estados-nación. Quizás aún más perjudicados resultan los ciudadanos que no consiguen empoderarse plenamente para ser agentes poderosos a nivel internacional. Las diferencias son claras: los grandes capitales, la economía y las élites se han hecho globales, mientras que los Estados, la mayor parte de la política y la inmensa mayoría de los ciudadanos tienen sus agencias muy circunscritas todavía a los respectivos ámbitos nacionales (Mayos, 2015).

Por otra parte, las tradicionales élites extractivas nacionales (Acemoglu y Robinson, 2012) se están convirtiendo aceleradamente en auténticas élites globales, desterritorizalizadas, casi sin compromisos nacionales y que pueden «jugar» económicamente en gran medida en contra de las políticas estatales (Mayos, 2015). Esas nuevas elites globales son las que pilotan el gran petrolero del capitalismo cognitivo turboglobalizado, si es que alguien «humano» lo hace. Y —como hemos apuntado— no suelen mirar demasiado más allá de «su petrolero», a las aguas procelosas que cruzan, a las gentes que las habitan en frágiles veleros y —aún más— a los náufragos que aquí y allá luchan por no ahogarse.

Por otra parte, es posible que algunos «fenómenos-inter» como por ejemplo la integración de la Unión Europea puedan disminuir relativamente la impunidad de las élites extractivas globales. Pero todo apunta a que «el petrolero» cognitivo turboglobalizado y neoliberal va creciendo enormemente. En su magnificación pueden jugar muy plausiblemente nuevos procesos como el Trans-Pacific Partnership —firmado el 2015— y el Tratado entre Estados Unidos y la Unión Europea.

Hay el peligro de que, en el fondo, no sean sino un paso más —en clave «lex mercatoria»— en la actual gobernanza mundial que es muy poco democrática, heredera del llamado «consenso de Washington» (Williamson, 1989) y que converge con el Pensamiento único (PU) reductivamente productivista (Mayos, 2012a y 2000). «Fenómenos-inter» como los mencionados Trans-Pacific Partnership y Transatlantic Trade and Investment Partnership y la emergencia de élites extractivas globales incrementan la lógica que desde hace décadas han impulsado los grandes organismos internacionales y que, también, impone por sí mismo el capitalismo cognitivo y turboglobalizado. Deberemos profundizar en las obsolescencias y los costos humanos que pueden provocar.

Obsolescencia ante transhumanismo

Fausto es uno de los mitos y personajes que mejor simbolizan el espíritu moderno. En la leyenda tardomedieval, la voluntad de saberlo todo del *Dr. Faustus* era pecado de orgullo (eso que los griegos tan complejamente reflejaron con el término: *hybris*) y por tanto era finalmente condenado al infierno.

Hay muchas versiones a lo largo de la modernidad, pero me parece que la tendencia subyacente en la evolución del personaje es a perdonar o disculpar cada vez más el anhelo fáustico. Y eso, ¡aunque o precisamente, en la medida en que ese deseo se va ampliando con morbosidad! Significativamente y en medio de esta evolución, Goethe (1980: 349) salva a su héroe —cuya historia va reescribiendo a lo largo de su larga vida— ya que: «a quien siempre se esfuerza con trabajo / podemos rescatar y redimir».

Resulta claro que el astuto y diabólico tentador Mefistófeles básicamente personifica la voluntad de poder y de plenitud que anida en los humanos (Goethe, 1980: 12): «Este pequeño dios del mundo [...dice Mefistófeles a "El Señor"] Viviría mejor tal vez, si no / le hubieras dado ver la luz del cielo; / él la llama razón y la usa solo / para ser animal más que animal».

El transhumanismo actual me parece un profundo heredero de Fausto, pues como él vive en la convicción de que (Goethe, 1980: 15): «Claro que soy más sabio que esos necios, / teólogos, doctores y escritores; / no me afligen escrúpulos ni dudas, / ni me dan miedo infierno ni demonio...» Transitan pues, en la senda que también cruzó Philip K. Dick en la novela que dio lugar a la famosa película *Blade Runner*.

Allí Dick plantea la posibilidad de crear unos «androides» o «replicantes» que emulan, «replican» y amplifican enormemente muchas cualidades humanas hasta el punto de que son muy difícilmente distinguibles de los humanos «normales». Ejemplifican el anhelo fáustico de desarrollar cyborgs —o organismos cibernéticos— que compartan la base biológica humana (digamos tradicional) con nuevos dispositivos electrónicos cibernéticos, los cuales les permitirían ampliar profundamente las capacidades y prestaciones de esa base biológica.

Por eso la empresa que los fabrica (en *Blade Runner*) tiene como emblema «Más humanos que los humanos», que ciertamente recuerda —al menos por los muchos «daños colaterales»— el aviso goethiano citado de «ser animal más que animal». Pero el transhumanismo acepta el reto «en positivo» y ya no pretende simplemente la imitación o emulación de lo humano. Quiere sobre todo «trascenderlo», «mejorarlo» o «superarlo» hacia un nuevo tipo de ser híbrido —mezcla de biología y cibernética— que abra el nuevo estadio en la evolución humana llamado «Singularidad» (Kurzweil, 2012).

Como los «replicantes» los híbridos o cyborgs transhumanos tendrían finalmente capacidades hasta ahora envidiadas por los hombres y además... una larga y saludable vida (que en *Blade Runner* les es negada). Se trata pues del sueño fáustico de intensidad vital y plenitud cognoscitiva, junto con longevidad casi inmortal.

Ahora bien, Goya avisaba que «los sueños de la razón engendran monstruos» y aquí tenemos en el transhumanismo otro y muy radical motivo de obsolescencia surgido del capitalismo cognitivo turboglobalizado. Ciertamente hoy, toda una serie de desarrollos tecnológicos de muy alto nivel y que ya no son meras propuestas de ciencia-ficción están transformando las posibilidades humanas de amplios grupos sociales. Actualmente se ha hecho evidente la falsedad del tópico de que en la era moderna la humanidad ha dejado de evolucionar. Es cierto que ha disminuido la presión evolutiva en algunos aspectos, por ejemplo ciertas enfermedades hoy son curables o no impiden que se reproduzcan los que las padecen. Pero en cambio, han aparecido muchas otras presiones que impulsan a la humanidad a continuar evolucionando, y muchas veces a gran velocidad.

Además se están haciendo importantes desarrollos tecnológicos con la aspiración de «perfeccionar» la especie humana, incluso generando prótesis cibernéticas que, más allá de pretender curar enfermedades, aspiran a mejorar las prestaciones de la naturaleza humana por lo que respecta a los sentidos, la memoria, el razonamiento...

Las corrientes transhumanistas —cada vez más poderosas— legitiman, promocionan y financian esos desarrollos, considerando que la humanidad puede así liberarse de tradicionales servidumbres, contingencias y patologías para cumplir exigencias —que ven irrenunciables— de «automejora» y emancipación.

Ahora bien y como hemos apuntado, tales modificaciones transhumanistas pueden generar también las más radicales obsolescencias y patologías resultantes del mismo desarrollo humano. Ese es uno de los peligros más importantes que se cierne sobre las generaciones actuales. Incluso se prevén nuevos y radicales tipos de exclusión en las generaciones futuras, al menos en la medida que éstas no puedan o no quieran acceder a las nuevas prótesis y aplicaciones transhumanistas.

Tenemos ejemplos hoy que ya no son ni utopía ni ciencia-ficción de desarrollos tecnológicos que, aplicables al cuerpo y sistema neurológico humanos, permiten potenciaciones impresionantes e —inevitablemente— obsolescencias, patologías y exclusiones muy inquietantes. Esas tecnologías pueden transformar profundamente la naturaleza humana abriéndola a una nueva y muy poco testada condición mixta biológico-informática cercana al imaginario cyborg.

Los organismos cibernéticos humanos generados con altas tecnologías crean pues un híbrido que —amplificando el anhelo fáustico moderno— contiene gran parte del imaginario y los ideales del capitalismo cognitivo y la sociedad del conocimiento. Se sueña (pero también: se realiza) consciente y reflexivamente (Beck, Giddens & Lash, 2008) con un nuevo ser que encarne verdaderamente los aspectos virtuales «monádicos» y del PU (Mayos, 2012a) típicos del capitalismo cognitivo turboglobalizado.

Destacamos dos grandes anhelos que parecen realizables con tecnologías de las que ya disponemos emergentemente. En primer lugar, se avanza hacia la interacción constante y en tiempo real de cada humano-cyborg con cualquier otro y con cualquier información a través de la «Babel» de Internet. En segundo lugar, se avanza en la potenciación de las capacidades vitales y cognitivas que satisfagan las necesidades de los «mercados», ya sea permitiendo un muy elevado rendimiento productivo, ya sea impulsando la insaciabilidad e inagotabilidad en el consumo.

Como vemos, estamos entrando en un período de «Singularidad» (Kurzweil, 2012) en que efectivamente se trasciende la naturaleza humana tal como la conocemos. Así la corporalidad biológica se hibridará con dispositivos tecnológicos que permitirán longevidad vital y potenciaciones cognitivas hasta hoy inconcebibles. Así la «Singularidad» representará, por una parte, un salto insólito a otro nivel de la evolución de la especie humana. Pero por otra parte, no será sino la culminación de una muy específica característica humana: la constante retroalimentación entre la evolución biológica y la cultural.

Con la «Singularidad», se alcanza efectivamente un gran salto cualitativo en la especificidad humana de una rapidísima evolución cultural (lenguaje, tecnología, transformación del medio, aculturalización de cada generación...) que acelera y complementa la más lenta evolución biológica compartida con todos los animales. Naturalmente si —como explica el darwinismo— la muy lenta evolución natural ya provoca la extinción de los no adaptados; una muy acelerada evolución cultural y cyborg tiene que provocar necesariamente obsolescencias y exclusiones altamente costosas para los humanos afectados.

Como se ve, ya no se trata tan solo de la obsolescencia de la naturaleza humana vigente hasta hoy, sino también de la población que quede excluida de esas «cyborg-prótesis» que la dinámica de «destrucción creativa» del capitalismo puede convertir —a medio plazo— en necesarias e imprescindibles. Aunque se quieran minimizar las disfunciones y marginaciones, parece indudable que —como mínimo durante mucho tiempo— excluirán a gran parte de la población ya sea por sus altos costos, como por las previsibles dificultades para aplicarlas a poblaciones de cierta edad o con determinados condicionantes biológicos.

Por ello en este libro plantearemos brevemente la cuestión de si el ser humano —tal como hoy lo entendemos— puede quedar obsoleto a medio plazo. En todo caso se trata de una nueva posibilidad que la humanidad tiene que contemplar, valorar y tomar decisiones.

El pajar Malthusiano de la información

Se ha impuesto hegemónicamente un pensamiento único que desempodera a la mayoría de la población —aunque «culpablemente» como diría Kant (1981)— y que fomenta la falta de crítica, la razón instrumental y basada en la más brutal competitividad. Falta pues el «¡sapere aude!» que había de guiar la Ilustración y una humanidad para la cual la razón, el conocimiento y la cultura son los ejes de la condición humana. En cambio, el PU los interpreta básicamente como la obligación del cognitariado en que todos nos inscribimos, pues solo podrá encontrar trabajo y ejercerá una respetada profesión si es y se mantiene actualizado en tanto que experto hiperespecializado.

Como fue el gran tema subyacente a la charla-debate que me pidieron los indignados de «Occupy Plaça Catalunya» en mayo del 2011, resulta altamente problemático compatibilizar el capitalismo cognitivo con el empoderamiento ciudadano y el «derecho a una ciudad» en común (Lefebvre, 1968). Pues, a las patologías ya percibidas en la industrialización fordista, hoy se añaden otros muchos riesgos, complejidades, tensiones, desesperos y cansancios. Además, la ambivalencia penetra más profundamente en todos los fenómenos de las sociedades avanzadas, con paradojas como las que Erich Fromm llamó el «miedo a la libertad».

También es verdad, por otra parte y no queremos olvidarlo nunca, que también nos ofrece opciones y posibilidades de las que no dispusieron nuestros padres o abuelos.

¿Mejoras educativas para una formación imprevisible?

Al igual como en el laberinto del desierto la mayor dificultad es saber en qué dirección hay que ir, en la turboglobalización en cambio constante es muy difícil prever los tipos de formación y entrenamiento necesarios a medio plazo. La sociedad y la vida se han vuelto tan complejas y —además— evolucionan tan rápidamente que no sabemos con el mínimo detalle cómo hay que educar a las nuevas generaciones ni cómo prepararlas para un futuro imprevisible. A pesar de algunos gurús, ni los profesores ni nadie puede asegurar lo que será realmente necesario conocer pasado mañana y qué habrá devenido totalmente superfluo y obsoleto. Naturalmente ello es tremendamente intranquilizador precisamente cuando nos encontramos en un muy competitivo capitalismo cognitivo y que, por tanto, crea angustias y patologías muy extendidas que antes prácticamente no existían.

Solo dos consejos muy generales se pueden asegurar (en principio): En primer lugar, una eficaz formación y habilidades cognitivas avanzadas es algo que previsiblemente será aún más especialmente relevante para las generaciones futuras. Pues están desapareciendo los trabajos manuales e —incluso— los que necesitan de poca preparación. Además su precarización es enorme y el sueldo cada vez más miserable. Por lo tanto todo hace prever que los trabajos más demandados en un futuro próximo serán —cada vez más— trabajos cognitivos, con una importante componente intelectual e innovadora.

En segundo lugar y si continúa acelerándose el cambio tecnológico y social, gran parte de la población tendrá que mudar de formación y ocupación varias veces a lo largo de la vida. Como se dice, la gente tendrá que reinventarse profesional y existencialmente más de una vez y —por tanto— se tendrá que aprender a hacerlo de una manera eficaz, minimizando los distintos costes. El futuro no solo exigirá una muy buena formación, sino sobre todo la capacidad para ir actualizándola progresivamente y adaptarse a nuevos retos. Lo más importante será aprender a aprender y ser capaz de adaptarse a nuevos marcos imprevisibles.

Curiosamente para estas dos limitadas certezas de que disponemos: la filosofía es muy adecuada, sobre todo si sabemos retornar a sus esencias griegas y a la vez —pues no es contradictorio— convertirla en una «filosofía del presente». Ello comporta que la filosofía sea capaz de comprender —adecuadamente y «en tiempo real»— el presente y el futuro cercano. Evitando limitarse a pensar lo pasado o a fabular utópicamente escenarios poco realistas.

¿Más puede ser menos? Intoxicación informativa

La humanidad ha vivido durante millones de años bajo grandes restricciones alimentarias y de otros elementos clave para la supervivencia individual y colectiva. A pesar del papel tranquilizador de los mitos y las religiones, también sufría una gran escasez de conocimiento y dominio sobre su entorno. Por ello se ha tendido a ver como muy positivo cualquier aumento en la cantidad ya sea de alimentos como de información. Durante milenios, más información era equivalente a mejor conocimiento y parecía siempre justificada la búsqueda del aumento en la cantidad incluso en detrimento de la calidad.

Es cierto (Frodeman, Klein y Mitcham, 2010: xxix) que todavía es muy difícil cuestionar críticamente la creencia de que es posible una continuada e infinita producción de información y que de ella tan solo podrían resultar efectos positivos y nunca negativos. Esa ha sido la presuposición hegemónica en la civilización occidental desde la ilustración o del humanismo y racionalismo anteriores, y se ha convertido en un axioma para nuestra mentalidad. Por eso «avances» como las bombas atómicas y otros peligrosos descubrimientos son vistos como excepciones a la regla o como meros «daños colaterales».

Sin duda ello es cierto en sectores sociales marginados pero —en las ricas sociedades avanzadas— no siempre es así. Por ejemplo, se perciben procesos alimenticios claramente negativos: obesidad, bulimia, diabetes, exceso de colesterol... Son la muestra de que no siempre más es mejor, y que la calidad es tan importante como la calidad. Pues bien, tenemos dialécticas aún más negativas en el saber y la «sociedad del conocimiento» que en la alimentación sana. Aquí la bulimia informativa actual y el mencionado proceso malthusiano provocan caos en las personas, angustias, estrés, desconcierto, cansancio cognitivo y —finalmente— obsolescencia.

Las sociedades postfordistas tienen en los sectores centrados en la información, la comunicación y las tecnologías asociadas —en definitiva en lo que se suele sintetizar hoy como «conocimiento»— sus grandes fuentes de producción, innovación y riqueza. La eficacia productivista del saber junto al hecho de que —durante milenios— este ha sido algo muy escaso, ha provocado que se considerase que la cantidad era lo más importante y que siempre más era mejor.

Pero, el actual nivel del proceso malthusiano en el saber se hace insostenible para mucha gente. Pues multiplicar exponencialmente la cantidad de información generada colectivamente, no implica facilitar el conocimiento, la comprensión e —incluso— la mejor información de las personas individuales. Estas experimentan de forma creciente que, al contrario, lo decisivo es la calidad en la información, no la cantidad.

Se necesita conocimiento estructurado y relevante, que dé coordenadas fuertes, válidas y que puedan orientar la vida de la gente. Y aquí, muchas veces, experimentamos que la cantidad va en detrimento de la calidad y que, por tanto, más es menos. Pues la actual avalancha de información —muchas veces banal o contradictoria— nos hace estar peor informados.

Muchas veces la cantidad enorme de información genera intoxicación informativa («infoxicación» dice Alfons Cornella). Pues va en detrimento del conocimiento transmitido con eficacia y angustia terriblemente a los individuos que se ven afectados. Es lo que el psicólogo ruso Ivan Pávlov llamó «neurosis experimental», que se produce cuando el sujeto no puede discriminar suficientemente entre los estímulos o informaciones que recibe. Tales angustiosos conflictos llegan a provocar auténticas patologías (muchas socialmente fomentadas) y en última instancia llevan a síndromes radicales como el «*burnout*» y a obsolescencias irrecuperables.

Por eso, el psicólogo norteamericano Kenneth Gergen (1992: 92) avisa que:

Por obra de las tecnologías de este siglo, aumentan continuamente la cantidad y variedad de las relaciones que entablamos, la frecuencia potencial de nuestros contactos humanos, la intensidad expresada en dichas relaciones y su duración. Y cuando este aumento se torna extremo, llegamos a un estado de saturación social.

Cada vez más, la bulimia e intoxicación informativa en que viven las sociedades postmodernas provoca que, más allá de los expertos ultraespecializados, la prometida «sociedad del conocimiento» se convierta en una angustiante sociedad de la ignorancia y la incultura. El capitalismo cognitivo aumenta la aceleración en la «destrucción creativa» y —por ello— transforma radicalmente la tradicional relación humana con el saber.

Por ejemplo, el tópico lema «El saber no ocupa lugar» es más cierto hoy que nunca antes pues —en lo que respecta al espacio físico— nuestras maravillosas memorias informáticas lo han reducido ampliamente. Una enorme biblioteca, con voluminosos códices o rollos de apretada escritura, o las obras completas de grandes sabios caben hoy en un pequeño disco duro.

También ha disminuido extraordinariamente el tiempo necesario para acceder a esa información codificada.

Ahora bien y coincidirán con nosotros todos los amables lectores que nos han seguida hasta aquí: no se ha reducido en la misma magnitud el tiempo, el esfuerzo y el «espacio» mental o «existencial» que comporta leer, aprender y hacerse cargo plenamente del conocimiento que contiene la más minúscula memoria de silicio. Aquí continuamos siendo apenas más rápidos que esos «letrados» o «escolásticos» de antaño que todavía leían vocalizando y siguiendo las líneas con el dedo.

A la incultura por la aceleración

Precisamente por las mejoras tecnológicas y el aumento del «capital cognitivo» hoy disponible, somos más conscientes que nunca antes de que el conocimiento y la cultura exigen tiempo. Al igual que la libertad, requieren «tiempo libre». Paradojalmente en la sociedad que desde Dumazedier llamamos «del ocio» y donde la jornada laboral de las ocho horas diarias lleva décadas consolidada, el cognitariado termina trabajando incesantemente a todas horas y experimentando una creciente pérdida de tiempo libre.

El tiempo para mantener la propia pericia y la permanente actualización profesional acaba quitando tiempo para la cultura, para el propio empoderamiento, para la alta vigilancia política, para edificar espacios comunitarios e —inevitablemente— para la libertad. Pues alguien que no tenga tiempo libre y tenga que trabajar a las órdenes de otro las veinticuatro horas del día, 365 días al año y durante toda su vida, es a todos los efectos un esclavo. ¿No es acaso este un buen calificativo para quien no puede decidir por sí mismo y está subordinado a algún otro, del que depende totalmente?

También es verdad que, en muchos aspectos, las sociedades contemporáneas avanzadas han ganado y democratizado las posibilidades de acceder al conocimiento, la cultura, los derechos cívicos y políticos, e incluso al tiempo libre. Es un tópico que la historia y los acontecimientos se aceleran últimamente, haciendo que toda la Tierra se transforme a gran velocidad, justificando que acuñásemos el término «turboglobalización» (Mayos, 2000).

El desarrollo tecnológico permite que hoy sean muchas las vueltas al mundo que podemos dar cualquiera de nosotros en los ochenta días famosos, que a Julio Verne le parecieron un reto peligrosamente inalcanzable. En términos de comunicación telemática, hemos convertido la Tierra en una «mónada» leibniziana donde —sin que importen demasiado las distancias geográficas— podemos consultar datos o comunicarnos con cualquiera, en cualquier lugar del mundo y en tiempo real. Cuando se trata de flujos financieros, comunicacionales y cibernéticos parece que vivimos en una «Mónada», el nombre que Leibniz daba a la realidad inmaterial e intemporal que —según él— era la única superación plausible a las paradojas de la dualidad sustancial cartesiana.

Vivimos pues en una Tierra turboglobalizada donde en muchos aspectos la aceleración de los flujos nos lleva a la casi-instantaneidad. Por eso a veces nos sentimos en muchos aspectos como en una «mónada» leibniziana gracias a la aceleración existencial fomentada por el rápido desarrollo de las tecnologías de la información y la comunicación. Ello ha permitido incluso el profundo cambio en la experiencia social del tiempo que se ha producido desde los inicios de la modernidad (como destaca el filósofo alemán Hartmut Rosa, 2013).

Todos los aspectos que acabamos de destacar son ciertamente positivos, pero hay otros que parecen ir en dirección contraria. Así, incluso la turbo-globalización monádica que hemos elogiado, tiene también consecuencias inesperadas y bastante negativas. Por una parte, se pueden hacer más cosas, más rápidamente y, por tanto, ahorrando tiempo; pero —por otra parte— esa aceleración técnica genera una enorme exigencia de velocidad en la sociedad y un agotador apresuramiento en la gente.

Esa dialéctica presiona a hacer más cosas (a menudo a la vez), sin descanso y al riesgo de provocar finalmente el colapso. Impulsa un ritmo agotador que, muchas veces, va también en detrimento del «tiempo libre», del espacio para uno mismo, para la vida familiar o para la convivencia ciudadana. Impulsa una descorazonadora sensación de apresuramiento angustioso, de menos tiempo comunitario y para uno mismo, de imposibilidad para ocuparse de la «vida buena» y la cultura existencial... y —en definitiva— de falta de libertad.

La radicalización del proceso malthusiano en el saber, donde la producción del saber crece en proporción geométrica mientras que la capacidad de procesar el saber como mucho crece solo en proporción aritmética, nos hace sentir incapaces de seguir personalmente la producción colectiva del saber. Ello nos desespera y nos lleva cada vez más a una sociedad de ignorancia, enorme precariedad existencial y con peligrosas patologías, que van más allá del hecho de que nadie tiene tiempo suficiente como para leer, pensar, reflexionar, conocer... lo que de relevante escribimos, pensamos, reflexionamos y conocemos entre todos.

El verdadero conocimiento no es algo inerte (en una biblioteca, museo o base de datos), sino sobre todo algo vivo y reflexionado en acto por algún humano. Pero actualmente cada vez hay más información y conocimiento «fosilizados» y menos cultura viva en el «cognitario», pues (a la espera de máquinas inteligentes) solo la persona vivifica creativamente el conocimiento. Pero la misma dialéctica del capitalismo cognitivo produce un precariado inmerso en una carrera infinita y hasta la extenuación (Han, 2012) contra la amenazante obsolescencia. Incluso, cualquier desfallecimiento momentáneo o rebeldía provoca que el trabajador cognitivo sea «desechado» o excluido.

Desde la perspectiva del estresado «cognitariado» el sueño la «sociedad del conocimiento» se convierte en la pesadilla de la «sociedad de la ignorancia» (Mayos y Brey, 2011). Pero en un sentido aún más amplio la evolución moderna y postmoderna están conduciendo el «homo sapiens sapiens» hacia un futuro «homo obsoletus».

Fausto, Peer Gynt y el movimiento slow

Marinetti y el futurismo destacaron ya en las primeras décadas del XX la creciente aceleración de la vida moderna y es una característica muy típica de la modernidad la sensación de que todo se acelera (Rosa, 2011: 12). Pero es indiscutible que actualmente el capitalismo turboglobalizado ha incrementado enormemente esa aceleración tanto objetivamente como en su impacto subjetivo en las personas.

El propio Hartmut Rosa (2013) reconoce que la tasa de crecimiento en las posibilidades, expectativas y exigencias sociales es hoy superior a la tasa de aceleración y de ahorro de tiempo que las tecnologías permiten a las personas. Por ello, a pesar de que podemos hacer efectivamente más cosas en menos tiempo, paradojalmente la vivencia es contraria, pues han crecido mucho más las expectativas individuales y las exigencias sociales.

Resulta pues una muy peligrosa frustración psicológica por la falta de tiempo, especialmente de tiempo realmente libre, tiempo no predestinado por la presión social (que puede incluir hacer tal o cual viaje «de ensueño», con independencia de lo que realmente nos gustaría hacer). Además el fomento del deseo por la publicidad, el hiperconsumo y el culto a incesantes emociones-flash (Lacroix, 2005) tienden peligrosamente al fracaso, desengaño y depresión en la medida que sacralizan un ritmo insostenible a largo plazo.

Marshall Berman (2008: 1) vincula la paradojal dialéctica que se establece entre la seducción, por una parte, a través de «aventuras, poder, alegría, crecimiento, transformación de nosotros y del mundo» con amenazas peligrosas —por otra parte— de «destruir todo lo que tenemos, todo lo que sabemos y todo lo que somos».

Paradojalmente el tiempo y las posibilidades «ganados» en la turboglobalización cognitiva, terminan vivenciándose como falta de tiempo y —valga la redundancia— imposibilidad de realizar efectivamente todas esas posibilidades. Una vez más se constata que el anhelo e insatisfacción crónicos de Fausto describen perfectamente la condición antropológica moderna e imposibilita la experiencia de sentirse satisfecho con la propia vida, con lo que efectivamente se ha llevado a cabo.

Incluso el «buen morir», que era un anhelo muy extendido en las sociedades premodernas, se convierte cada vez más en patológicamente imposible. La enfermera australiana Bronnie Ware ha analizado las confesiones más habituales y sinceras en el lecho de muerte. Destaca que, más que el arrepentimiento por los errores cometidos, predomina sobre todo el no haberse atrevido a intentar otras muchas cosas. Como en Fausto, hasta en el lecho de muerte, predomina —al menos en las sociedades actuales— el descontento, los anhelos insatisfechos, los deseos diferidos, y las experiencias que uno se había prometido y no había realizado.

Es decir la sensación predominante en el momento de la muerte no es actualmente la de satisfacción con la propia vida vivida, ni tampoco de haber pecado o errado. El lamento más generalizado es haber fracasado en la perpetua transformación de nuestra vida y en el acumulo infinito de nuevas experiencias a que nos impulsa el capitalismo cognitivo que sacraliza la tendencia moderna a la «destrucción creativa». El espíritu dominante es el fáustico, donde el arrepentimiento o la satisfacción son desplazados por la perpetua frustración.

En la actualidad la única posibilidad pensable de trascendencia —incluso superando el nihilismo— parece ser el insaciable impulso fáustico tras la sociedad del hiperconsumo (Lipovetsky, 2007) y del espectáculo. Pues presuponen el ideal imposible de buscar un instante de tal enorme densidad vital (una especie de Big-Bang o aleph experiencial) que contenga de facto toda la eternidad o equivalga a todas las experiencias posibles.

Ahora bien, la aceleración y la seducción insaciable típica del capitalismo turboglobalizado nos lleva a paradojas y patologías. Se impone la conciencia trágica de que —como el aleph de Borges— esas pretendidas densidades experienciales colapsan totalmente las finitas facultades humanas provocando fácilmente el síndrome del Bornout. Entonces esa patología tan emblemática del presente actúa de contrapeso frente al anhelo desaforado de aceleración y concentración experiencial hiperbólicas. Choca con la experiencia cada vez más extendida de que —paradójicamente— esa aceleración fáustica convierte en imposible toda auténtica experiencia humana e —incluso, que se pueda vivir plenamente el presente, sin caer bajo la obsesión de la productividad futura.

Parece desaparecer pues la muy saludable sensación de pararse —en algún momento de la propia vida— plenamente satisfecho, feliz, lleno, disfrutando del instante y —por el momento— aspirar a otra cosa. No es extraño que —como la otra cara de la misma moneda de la aceleración fáustica— surja el movimiento slow. A pesar de la etiqueta mediática, no reclama tanto la lentitud, como la velocidad adecuada a la experiencia y actividad concretas realizadas (Honoré, 2008). Se trata de evitar que la ansiedad de llenar el tiempo impida percibirlo, sentirlo lleno y vivirlo con sentido. Se trata de destinar tiempo a las cuestiones vitales esenciales y no perderse en el spam continuo de lo superfluo.

Precisamente la falta de sentido y de percepción del sentido en el tiempo provoca la aceleración sin sentido tan típica de la moderna «destrucción creativa». Pues, a pesar de que la fórmula de Schumpeter no prejuzga la dirección de esa «destrucción creativa», el pensamiento único hoy hegemónico la identifica inequívocamente al incremento exponencial de más producción, velocidad, intensidad, consumo, deseo y —se presupone erróneamente— disfrute. Se aplica así el lema olímpico «más rápido, más alto, más fuerte» pero en versión productivista-consumística y económico-tecnológica, y que facilita «burbujas especulativas» y crisis como la post-2008.

Con una presión muy superior a la primera modernidad, las sociedades cognitivas, hiperconsumistas y del espectáculo nos convierten en individuos fáusticos crónicos, incapaces de disfrutar plenamente del instante e —incluso a diferencia del Fausto de Goethe— pedir que el tiempo se pare para poder disfrutar el instante con plenitud. La aceleradísima destrucción creativa imposibilita toda reflexión crítica, que también precisa de una especie de «punto fijo» (como el que pedía Arquímedes) al menos por un instante y desde el que llevar a cabo una mínima evaluación reflexiva que permita discriminar dentro del caos inmediatista que todo lo mezcla indeferenciadamente.

Tanto en su vertiente ultraproductivista como hiperconsumista, la sociedad contemporánea nos impide dejar de competir con otros y con nosotros mismos, o aflojar en las ansias infinitas. Por ello, pararse o incluso quererlo se convierte en el capitalismo turboglobalizado en un estigma, en señal de derrota y obsolescencia, y por tanto en causa directa de exclusión. Ya no significa una cierta plenitud interior, el querer pararse o retirarse es interpretado como síntoma de «*burnout*» y obsolescencia.

Muestra que ya no se es apto para competir, acumular y consumir más; lo cual es interpretado como el máximo fracaso y la ilegítima voluntad (como mal productor-consumidor) de ocupar el espacio vital que correspondería a un verdadero y insaciable productor-consumidor. La condición antropológica del «individualismo posesivo» que teorizó Crawford Macpherson (1979) se ha radicalizado aún más que en tiempos de Hobbes y Locke.

Se añade además (destaca Rosa, 2005) que el incremento enorme de las expectativas y posibilidades provoca la sensación de que controlamos mucho menos nuestra vida. La complejidad e infinitud de posibilidades (la mayor parte de las cuales se tendrán que descartar) nos hacen experimentar el propio camino vital («Lebenslauf» dicen los alemanes) como impredecible, caótico, con poco control por nuestra parte y —sobre todo— corto, sin tiempo para disfrutar, decepcionante e insuficiente (como sugiere el chiste final de Woody Allen en *Annie Hall*).

Ciertamente sabemos que en épocas anteriores las posibilidades de elección que tenían los individuos concretos eran objetivamente mucho menores. Pero ese «conocimiento» no genera la convicción ni la experiencia vital de estar realizando el propio destino o querer. También en este aspecto los anhelos de la ilustración han sido pervertidos (Horkheimer y Adorno, 1944).

Quizás el espíritu fáustico debe ser complementado con el *Peer Gynt* de Henrik Ibsen. La enseñanza tragicómica de sus aventuras es que la vida no es un anodino destino predeterminado pero tampoco ningún coherente entrenamiento ni armonioso proceso de formación. No es ningún *Bildungsroman* o novela de formación como el *Wilhelm Meister* de Goethe, sino una alocada e impaciente carrera para conquistar infinitas experiencias. En tales condiciones, pretender descubrir la propia identidad es prácticamente imposible, sobre todo porque se está alucinado por infinitas fantasías y enajenaciones.

Peer Gynt es también una buena metáfora de la condición humana en el capitalismo turboglobalizado. Fácilmente se pierde el norte y el control de la propia vida en medio de la aceleración del tiempo, la velocidad y experiencias que caducan y se sustituyen sin fin. El personal proyecto vital se pierde y solo queda el anhelo angustiosamente insaciable de experiencias. En el caos cambiante de la velocidad y la aceleración, los hipermodernos acaban renunciando a su condición humana como hizo Peer.

Tampoco se dan cuenta de que las paradojas de la aceleración temporal y la multiplicación infinita de las opciones les hacen bárbaros, superficiales e inviables. Como un botón mal hecho, deberían ser fundidos de nuevo en un crisol y volver a nacer. Sería la única manera —viene a decir Ibsen— de volver a encarar sensatamente la vida, encontrar el tiempo libre como para reflexionar suficientemente sobre nosotros mismos y —tal vez— conseguir estar felices y coherentes con nosotros mismos.

Vivenciar sin dramatismo la ignorancia

Como vemos, el crecimiento malthusiano en la información y la expansión enorme de las opciones abiertas terminan generando frustración, pues son individualmente inabarcables. Los anhelos, expectativas, posibilidades, incitaciones, seducciones, conocimientos, informaciones spam... que genera la sociedad del consumo y del espectáculo son infinitamente superiores a las posibilidades reales de cada persona concreta. Hoy es indiscutible que lo conocido por la humanidad en conjunto, difícilmente puede serlo por ninguno de sus miembros individuales. Tampoco se puede realizar el ideal de vivirlo todo, aunque sea en la versión Hemingway o Hollywood de Fausto.

Ello nos angustia profundamente pues los humanos naturalmente quieren saber —como decía Aristóteles— y, especialmente en la actualidad, quieren experimentarlo y expresarlo todo. En muchos aspectos parece una ambición coextensiva con la humanidad, pero en otros muchos parece una tendencia y patología emblemática de las sociedades avanzadas. Mucho más que el «individualismo posesivo» de sus inicios (Macpherson, 1979), el capitalismo cognitivo turboglobalizado se basa en la seducción, fascinación, constante incitación e —inevitablemente— la insatisfacción de los deseos (Lipovetsky, 2007).

De estas profundas contradicciones resultan muchas de las patologías emblemáticas de las sociedades avanzadas. Pues nadie puede satisfacer personalmente, en todo momento ni en grado supremo, lo que el capitalismo cognitivo proyecta continuamente como una exigencia insoslayable: trabaja, consume, gasta, experimenta, produce más, fórmate, recíclate, reinvéntate, aprende, diviértete, goza, trabaja, consume, gasta... ¡Y así sucesiva, incesante, insaciable y perpetuamente!

Ese tipo de proyectos de vida —impulsados socialmente por infinitos dispositivos, entre los que la publicidad es el más obvio— son angustiantes hasta la desesperación y, en última instancia, solo pueden producir sensaciones de fracaso, depresión, síndrome de «*burnout*» y diversos tipos de obsolescencia. Parece incluso que en las sociedades actuales todos los aspectos de la vida convergen bajo esa misma dinámica fáustica, quizás especialmente en su vertiente trágico-cómica de Peer Gynt.

Pasa con la vida familiar y la profesional, con el desarrollo personal y laboral, con el ocio y la diversión, en las relaciones amorosas y de odio, en la competencia con otros y con uno mismo, en el consumo y en el turismo, en la terapia y el coatching... Por eso es tan difícil decir no y, al mismo tiempo, todo el mundo consciente o inconscientemente se retira cada vez más a la privaticidad más solitaria, la «guerra» individualista apolítica y alejada de lo común (Lipovetsky, 1994; Sennett, 1978).

Ahora bien, hay que aprender a vivir con ello, pues la «sociedad del conocimiento» ha venido para quedarse, ya sea para bien como para mal. Tampoco parece plausible para la mayoría de la población actual el permanecer protegidos al margen de su influjo. Por eso, tiene un gran valor liberador y desangustiante saber humildemente que podemos convivir con un cierto nivel, inevitable, superable en casos concretos y siempre relativo de desconocimiento (Innerarity, 2011), en incultura-ignorancia (Mayos y Brey, 2011), de autoexplotación (Han, 2012) y de cierta obsolescencia.

Desempoderamiento y alienación postmoderna

Gran parte de las ideas del postmodernismo parecen asociarse al proceso malthusiano en el saber que estamos analizando. Encajan con la etapa madura y ya peligrosamente inestable en la divergencia entre la cantidad total de información, saber y cultura disponible y la capacidad individual para decodificarla, conocerla, asumirla e integrarla.

Ello daría un nuevo sentido a algunas tendencias postmodernas como por ejemplo (Lyotard, 1996): la carencia de compromiso e incluso de coordenadas valorativo-culturales claras, compartidas y mínimamente estables; la caída en el más fácil y banal eclecticismo; la entrega cínica a las leyes del mercado y de la sociedad del espectáculo; el descrédito y la imposibilidad de los grandes metarrelatos que guiaron y estructuraron la Modernidad; la liqüificación de todas las permanencias y solideces modernas (Bauman, 2005; Berman, 2008); la degradación del cambio a revival perpetuo sin auténtica ruptura, alternativa, revolución, utopía (como acusa Frederic Jameson); la tendencia generalizada a degradarlo todo a mero simulacro (Mayos, 2010); o el creciente desespero hiperconsumista que paradojalmente impide toda felicidad (Lipovetsky, 2007)...

Debemos preguntarnos pues: ¿Qué une la «sociedad del conocimiento» con la «postmodernidad», la «modernidad líquida» o la «sociedad del riesgo»? ¿Son de alguna manera su cara oculta? Aún más, ¿acaso guardan extrañas concomitancias? Más allá de una clara coincidencia temporal pues surgen paralelamente durante la segunda parte del siglo XX, parece haber entre estas realidades contemporáneas un vínculo profundo que no ha sido suficientemente pensado y explicitado. No podemos obviar ni diferir por más tiempo este imprescindible análisis crítico.

Es un tópico vincular la «condición postmoderna» con el incremento de las actitudes cínicas, desconcertadas, angustiadas, nihilistas (Vattimo, 1998), relativistas, hiperindividualistas, «pasotas», «escapistas»... Evidentemente tiene que ver con una profunda crisis de valores, pero seguramente también con la percepción social de que hoy las convicciones, las certezas y las verdades ya no son tan claras, impuestas y hegemónicas como ayer. Pues, a pesar del incremento en el conocimiento, los individuos perciben que sus convicciones, certezas, verdades y consolidados valores «personales» han disminuido en número, en solidez y en seguridad.

Más o menos conscientemente, la gente intuye que un proceso malthusiano en el saber «corroe» (Sennett, 2000) las certezas, los valores y los ideales modernos. La sociedad, los valores y los saberes han perdido la solidez disciplinaria del fordismo y hoy se muestran débiles (Vattimo y Rovatti, 1988), fluidos y líquidos (Bauman, 2005 y 2007).

En la modernidad, y durante siglos, la identidad de las personas solía estar muy vinculada al trabajo o a la profesión ejercida. Por eso Weber (1992) hablaba de «vocación», pues se suponía que era para toda la vida y se inscribía en el propio ser de la gente. En cambio en la modernidad líquida, cognitiva y postfordista, el trabajo ya no se vincula a ninguna vocación o profesión de por vida. En todo caso remite a una muy flexible mítica estético-artística de autorreinvención continua que —incluso— va más allá de la noción de salario.

El sociólogo Richard Sennett (2000: 25) denuncia la «corrosión del carácter» y de todo proyecto de vida (a medio o largo plazo) que produce el capitalismo avanzado, pues: «¿Cómo pueden perseguirse objetivos a largo plazo en una sociedad a corto plazo? ¿Cómo sostener relaciones sociales duraderas? ¿Cómo puede un ser humano desarrollar un relato de su identidad e historia vital en una sociedad compuesta de episodios y fragmentos? (...) el capitalismo del corto plazo amenaza con corroer el carácter, en especial aquellos aspectos del carácter que unen a los seres humanos entre sí y brindan a cada uno de ellos una sensación de un yo sostenible.»

Todo lo anterior apunta a una «alienación postmoderna» (Mayos y Brey, 2011), que se cierne —paradójicamente— sobre la sociedad humana con mayor transparencia cognitiva (Han, 2013; Vattimo, 1990) y reflexividad (Beck, Giddens y Lash, 2008). Los procesos culturales malthusianos enlazan con las paradojas constitutivas del postmodernismo más tendente a la banalidad y al cínico relativismo. Pues se da una extraña amalgama de progreso tecnológico y decadencia humana; potencia colectivo-institucional y desempoderamiento de las personas; conocimiento experto y degradación cívico-cultural; esplendor mediático y oscuridad política...

El capitalismo cognitivo obliga a todo el mundo a la pericia profesional, pero también impulsa una cierta ignorancia ciudadana, convivencial y ético-política o —al menos— la banalización estetizante e hiperindividualista.

Seguramente tales tendencias también se ha dado en otras épocas, pero en el capitalismo cognitivo postfordista devienen patologías crecientemente extendidas, emblemáticas y socialmente inducidas. Pueden llegar a la exclusión, la obsolescencia o la más completa desorientación. Quizás por eso y en contra de todas las predicciones ilustradas, no parecen desaparecer —antes al contrario— la New Age, las más banales supersticiones, el integrismo religioso y el fanatismo populista. Incluso parece que el cognitariado necesita esa alienación postmoderna para reequilibrar los crecientes solipsismo y angustias (Hernando, 2012).

La tendencia postmoderna al escapismo más cínico, al consumo hedonista, a la banalización esteticista y a la cultura espectáculo también remite a la experiencia traumática de la creciente dificultad de encontrar sentido en plena «sociedad del conocimiento». Experimentamos la imposibilidad de sintetizar un significado conjunto y compartible (sería deseable que con toda la humanidad) de nuestro complejísimo mundo que vaya más allá de la infinidad de anécdotas, datos inmediatos e informaciones superficiales, escurridizas y voladizas.

Bajo el dominio de los mass media y la complejidad evidenciada por Internet y la turboglobalización, experimentamos la creciente dificultad (que Nietzsche o Benjamin ya apuntaron) a encontrar o sintetizar un sentido, tanto individual como colectivo. Como destacaron Horkheimer y Adorno (1944) la era más ilustrada e iluminada por la razón instrumental también brilla —paradojalmente— por la angustiosa desorientación existencial y la proliferación de nuevos viejos mitos.

Por tanto hay que investigar críticamente los costes humanos y los límites de la sociedad del conocimiento, el capitalismo cognitivo turboglobalizado y el postmodernismo. Son costes tanto sociales como individuales, puesto que no remiten a una mera circunstancia personal, sino a patologías socialmente inducidas y a la compartida condición humana en las sociedades postfordistas.

En último término ningún individuo puede mantenerse ajeno a esos profundos cambios en la naturaleza del saber y en las formas de vivir, pues en el capitalismo cognitivo la condición, las patologías y la obsolescencia humanas se juegan cada vez más en el saber, la información, el conocimiento y la comunicación. Ya no se trata tan solo de que los individuos —fuera de su especialización profesional— sean manifiestamente incapaces a largo plazo para seguir el ritmo exponencial de la producción cognitiva colectiva, global y especializada.

Además y por encima de todo otro valor, los ciudadanos perciben que lo considerado realmente importante es garantizar la generación colectiva de saber, especialmente si tiene aplicaciones tecnológicas. En cambio perciben que las personas, su bienestar y sus proyectos vitales no son socialmente considerados como decisivos, al menos en comparación con el proceso cognitivo mismo y su expansión mecánica, sino que más bien se ven como aspectos desechables y a sacrificar.

Por tanto, se sienten impulsados a abdicar de la tarea de controlar, impulsar, desarrollar, humanizar, conducir de acuerdo con valores humanos o, incluso, hacerse cargo... del magno proceso cognitivo que es la urdimbre básica de las sociedades postindustriales unidas en una red global. Tan solo se relacionan con ella (a pesar de ser ¡su obra colectiva!) como meros consumidores de las riquezas generadas, espectadores pasivos e indiferentes frente a los media y trabajadores ultraespecializados sin ningún sentido de conjunto. Pero no se sienten como ciudadanos empoderados y que son llamados a ejercer su vigilancia democrática y responsable sobre el destino del mundo y de la humanidad.

¿Hay «instituciones inteligentes» sin gente inteligente?

Tanto las administraciones como el conjunto de la sociedad civil encaran la generación colectiva del conocimiento como si fuera un mecanismo autónomo y se pudiera prescindir del hecho de que todo conocimiento nace, se produce y —en definitiva— «vive» en la conciencia o reflexión de algún individuo humano concreto. Por eso hace unos meses, un gurú experto —de los que lanzan continuamente nuevas consignas y eslóganes que llamen la atención— afirmaba: no hay personas inteligentes, sino instituciones inteligentes.

Así se rompe la tradicional relación humana con el saber: ser fruto de un profundo anhelo personal. Ello no niega que —efectivamente— el conocimiento, la cultura y la civilización son sobre todo dialécticas colectivas, basadas en la decisiva característica humana de poder colaborar eficazmente y comunicarse con gran complejidad. Para la humanidad el saber, la cultura y la civilización son paralelamente realidades colectivas e individuales; son mecanismos grupales y anhelos experimentados como esenciales para la propia persona.

No obstante actualmente el funcionamiento colectivo de Internet, redes sociales y los grandes centros de investigación es tan complejo, cooperativo e interdisciplinar (a pesar de la excesiva especialización) que, ciertamente, es muy difícil determinar quién tuvo en primer lugar tal o cuál idea, qué aspecto es más importante en —por ejemplo— el descubrimiento de una nueva vacuna o en el desarrollo de una determinada tecnología. Hoy el conocimiento es sobre todo un proceso y un resultado colectivos, y no como en otros tiempos la obra de uno o unos pocos «genios» aislados.

Pero también lo es la «recepción» de las innovaciones y la valoración de los descubrimientos. Creación y aprendizaje, desarrollo y transmisión, innovación e interpretación, comunicación y experiencia, expresión e interiorización... todo ello se da en una compleja cooperación colectiva (a veces no percibida del todo). Hoy es más evidente que nunca antes que la humanidad es una especie marcadamente caracterizada por la hipersociabilidad o la eusociabilidad (Wilson, 2012). Si bien no tenemos las constricciones instintivas estrictas de hormigas, termitas o abejas, en el fondo somos tan esencialmente sociales como esas especies. Y ello es manifiesto en la forma como elaboramos nuestra cultura, conocimiento, saberes y civilización (Pagel, 2013).

Ahora bien, la importancia de las dialécticas sociales en la humanidad no nos puede hacer olvidar que el proceso cognitivo colectivo es llevado a cabo en todos sus pasos por personas y que, si éstas no pueden hacerse cargo de él, resultarán inevitablemente alienadas. Recordemos que la alienación frente a lo que se hace es compatible con ser a todos los efectos su autor (Marx y Engels, 1998). Por tanto la inmensa productividad del capitalismo cognitivo turboglobalizado funciona solo a través de las personas, pero éstas —que son sus autoras— pueden vivir totalmente alienadas de sus propios logros. Por eso la sociedad del conocimiento, a pesar de funcionar con gran eficacia, provoca patologías inducidas y una profunda alienación en los individuos.

Las personas, los individuos, la humanidad se sienten como «convidados de piedra» al capitalismo cognitivo turboglobalizado, incluso aún participando decisivamente en su generación. Lo viven como una dialéctica maquínica que no controlan, ni tampoco pueden hacerse cargo de ella, de lo producido y de la inmensa transformación que ello provoca en todos los aspectos de la vida social y particular. Entonces la «sociedad del conocimiento» coincide peligrosamente con la «alienación postmoderna».

Verdad y experiencia degradadas por el proceso malthusiano

El capitalismo cognitivo genera otro proceso malthusiano añadido al incremento de información, pues los «simulacros» y experiencias «virtuales» están sepultando las experiencias «reales» y cotidianas. Culmina la dialéctica propiamente moderna que según Koselleck (1993: 342) «va aumentando progresivamente la diferencia entre experiencia y expectativa, o, más exactamente, que solo se puede concebir la modernidad como un tiempo nuevo desde que las expectativas se han ido alejando cada vez más de las experiencias hechas.» Así se hipercodifican infinitamente (Eco, 1977) perdiendo sus referentes inmediatos (Baudrillard: 1981) y las «mediaciones» (Nadin, 1998) enmascaran totalmente lo «inmediato».

Se cumpliría pues la tesis de Nietzsche (1998) de que no hay realidad o verdad, tan solo interpretaciones. También Walter Benjamin insistía (y parece vinculado con el fenómeno comentado) que se estaba volviendo imposible la «experiencia» (real y según los parámetros que se le adjudicaban tradicionalmente). En el extremo, Jean Baudrillard reducía todo a simulacro, que es ahora la única verdad posible pues es lo único que no miente, al presentarse ya directamente como falso (Mayos, 2010).

La humanidad es una especie que se caracteriza por su lingüisticidad y culturalidad que se convierten en su único acceso a la realidad. No hay pues experiencia de la cosa-en-sí, como ya mostró Kant en su *Crítica de la razón pura*. Todo es fenómeno incluyendo lo que consideramos la realidad, la verdad y la naturaleza. Otra cosa es que, tradicionalmente, los humanos considerasen como experiencia real, verdadera y prácticamente natural aquella que vivían a través de su lenguaje y cultura. Pero la modernidad avanzada ya no puede permitirse ese tipo de ingenuidades.

Además, el capitalismo cognitivo genera también un proceso malthusiano en que las mediaciones (cada vez más conscientes) «sepultan» cualquier sensación de «inmediatez». Por tanto, nos hace cada vez más conscientes de hasta qué punto todo lo que vemos, pensamos y experimentamos es creación social (Berger y Luckmann, 1995), mediática e incluso individual-expresiva. Por eso, la forma cognitivo-postfordista de existir y de relacionarnos con el mundo amenaza verse transformada al menos por lo que respecta a sus fundamentos de verdad y realidad. Es otro mecanismo que tiende también a convertir la sociedad del conocimiento en sociedad de la ignorancia y evidencia nuevas patologías y una profunda precariedad existencial.

Así la tradicional seguridad del conocimiento está mutando en inseguridad angustiante por la creciente ignorancia individual e, incluso, por la sospecha que se extiende cada vez más y sobre casi todo. Tal cambio no solo se produce para unos pocos filósofos —muy entrenados en tal idea— sino para el conjunto de la gente, a los que esa perspectiva desestabiliza y angustia fuertemente. Pues el inmenso saber generado y poseído colectivamente, no les compensa del desempoderamiento angustiante al no poder hacerse cargo de lo que comporta. ¡No nos ha de extrañar pues (Norris e Inglehart, 2004) la explosión creciente de fanatismo populista, integrismo religioso y credulidad New Age!

Internet de las cosas y su previsible impacto

Se llama «Internet de las cosas» (término acuñado en 1999 por el Auto-ID Center) a las tecnologías que permitirán codificar, interconectar y rastrear unos 100.000 millones de objetos dispersos por el planeta. Ello incluirá prácticamente la mayor parte de la población mundial y los entre 1.000 y 5.000 objetos con que se considera que por promedio se relaciona cada individuo. Naturalmente ese enorme salto tendrá significativas consecuencias, pues generará un nuevo nivel en el proceso malthusiano en la información.

Hasta ahora Internet se ha movido en dos grandes oleadas: primero conectó centros de muy alta densidad informativa (centros de investigación o militares, universidades, mass media, grandes empresas...). En segundo lugar conectó nódulos de densidad informativa media: oficinas, pequeñas empresas, familias, ordenadores personales, blogs y webs individuales, y usuarios de redes sociales...

La «Internet de las cosas», en cambio, permite comunicar objetos que individualmente aportan poca información, pero que sumados todos ofrecen Big Data crecientes. Sin duda, este nuevo salto malthusiano en la información disponible gestionada por la especie humana, será aún más inalcanzable para cualquier individuo o grupo humano. Claramente tan solo dispositivos cibernéticos de nuevo cuño podrán gestionar mínimamente los impresionantes flujos informativos resultantes.

Por otra parte, la «Internet de las cosas» gestiona y convierte en sustituibles muchísimas funciones humanas hoy imprescindibles como: abrir o cerrar ventanas y otros dispositivos de climatización y seguridad del hogar; detectar falta de suministros domésticos (comida, combustibles...) y dar orden de reemplazarlos; regar las plantas o hacer la limpieza con pequeños robots; distribuir automáticamente mercancías; gestionar elementos del mobiliario público y privado (p. e. parkings o bancos callejeros libres); localizar movimientos y cosas perdidas...

Sin duda ello hará más fáciles y cómodos muchos aspectos de la vida de mucha gente. Ahora también y como otras novedades, también generará nuevas exclusiones y patologías. Aparecerán nuevos analfabetos funcionales vinculados a las tecnologías de la «Internet de las cosas», que experimentaran angustiantes sensaciones de obsolescencia y deberán buscar nuevos empleos o caerán en paro crónico. Analizaremos estas cuestiones más adelante.

Disruptiva destrucción creativa

Sin duda el crecimiento incesante es la lógica de todas las sociedades modernas pero se acelera hiperbólicamente con el capitalismo cognitivo turboglobalizado. Pasa de ser su utopía máxima, su escatología laica y el imprescindible mecanismo a través del cual se centrifugan los problemas y contradicciones al futuro. El crecimiento, la innovación, el progreso, la revolución, las vanguardias, el futurismo, la destrucción creativa... son las esperanzas laicas de una transcendencia futura: fin de la historia, el hombre nuevo, la sociedad ideal... donde la dialéctica de hoy ya no regirá...

Ahora bien, más que resolver los problemas y contradicciones, como avisa Hartmut Rosa (2011) (CCCB, 2016) tan solo consiguen aumentarlos. Se incrementa el sufrimiento ahora, aquí, en el presente..., mientras que el cambio acelerado impuesto a los individuos tan solo les sirve para no quedar superados, rezagados, *burnout*, obsoletos... y tan solo por el momento.

Lo hemos visto al analizar el malthusianismo cognitivo actual y la imposible desincronización entre las posibilidades físico-biológicas de los individuos y el crecimiento de la producción colectiva de información. Ello provoca una sociedad de la ignorancia, paradojalmente en medio de la mayor bulimia cognitiva de todos los tiempos, pues hay una profunda desincronización entre la biología de las personas, las mejoras —como mucho aritméticas— en la educación, y sobre todo la aceleración exponencial de la complejidad de la sociedad cognitiva y la cantidad de información que genera colectivamente. Ello hace que el individuo no pueda comprender ni interpretar la complejidad y aceleración del capitalismo cognitivo.

Pero ello es solo un ejemplo de un proceso que penetra en todas partes. En el capitalismo turboglobalizado, el acelerado proceso de destrucción creativa es tan omnipotente y omnipresente que lo transforma radicalmente todo: la economía, el trabajo, la formación, la productividad y la vida entera. Su naturaleza cognitiva focaliza toda actividad productiva en la anticipación y desarrollo pionero de ámbitos cognitivos innovadores. Así lo ha «liqüificado» todo (Bauman, 2007) provocando —a diferencia de la solidez fordista— que hoy las instituciones y formas sociales ya no sirvan de adecuada guía para la educación o el trabajo.

Tampoco pueden sustentar proyectos vitales a medio y largo plazo, pues fácilmente colapsan y devienen obsoletos. Por eso impulsan en la gente subjetivaciones que inevitablemente se configuran también de forma líquida e hiperflexible. Al contrario que bajo la disciplinada modernidad fordista, el capitalismo cognitivo disuelve las fidelidades y los compromisos tradicionales porque los considera «rigideces» que impiden la rápida adaptación de los individuos y —así— que se mantengan al ritmo de la destrucción creativa.

Olvidando las necesidades psicológico-vitales de la gente, se considera que los vínculos estables impiden el necesario «aprovechamiento de las oportunidades» que resultan de las cambiantes circunstancias. La destrucción creativa turboglobalizada provoca enormes tensiones psicológico-existenciales al chocar la filogenética evolutiva de la humanidad, que la ha convertido en una especie social (Wilson, 2012), con un cambio acelerado el ritmo del cual no puede seguir. Además, impone a los individuos —para maximizar su adaptación y evitar la obsolescencia— que subordinen cualquier vínculo y relación humano-social a las circunstancias impuestas por los mercados. Las subjetivaciones individuales se ven constreñidos por ello, generan patologías vinculadas a las nuevas formas de vida e interiorizan las dificultades para construir vínculos, relaciones y proyectos vitales estables.

Naturalmente ello no comporta que todo el mundo esté efectivamente solo, lo cual sería sin duda insostenible humanamente, pero sí que casi potencialmente ningún vínculo puede construirse o mantenerse en contra de la nueva «espada de Damocles» en qué se ha convertido hoy la destrucción creativa. Por tanto todo el mundo intuye e interioriza que las relaciones sociales y personales tienen que subordinarse a los acelerados cambios tecnológicos, económicos, sociales... Por ello, ante el riesgo de una durísima obsolescencia y a pesar de las muchas resistencias y penas, las personas terminan asumiendo formas psicológico-colectivas más flexibles y menos comunitarias o sólidas, de acuerdo con los requerimientos de los mercados.

Como dijo una vez premonitoriamente Marx, ante la imperiosidad de la acelerada destrucción creativa experimentan que «todo lo fijo se volatiliza en el aire» y que deben adaptarse a esa nueva condición, por dolorosa que sea. Por eso, se constata generalizadamente la debilitación (si no destrucción) de las «sólidas» instituciones socio-políticas de la capitalismo fordista.

Recordemos la familia (más amplia que la actual) que actuaba como la gran célula social de ayuda mutua; los disciplinados (pero también muy «protectores») partidos y sindicatos tradicionales; las ideologías «fuertes» que habían de ser una «estable guía» en todas las circunstancias, etc.

El guardabosques premoderno

Para explicar la profundidad de los cambios en las actitudes mayoritarias impulsados por el capitalismo turboglobalizado y postfordista, Bauman (2007) los ha comparado bellamente con tres grandes metáforas que reflejan las actitudes básicas ante el mundo. La premoderna se asemejaría al guardabosques, la propiamente moderna al jardinero y la postmoderna cognitivo-turboglobalizada al cazador. Analicemos brevemente las dos primeras y desarrollemos la última de acuerdo con las experiencias más recientes.

Evitemos idealizar la relación premoderna de la humanidad con la naturaleza, pues muchas veces ha actuado como un eficaz depredador que ha forzado significativos cambios ecológicos. Pero aún reconociéndolo, los pueblos premodernos y especialmente los preagrícolas se consideraban parte del organismo superior y con trazos divinos que para ellos era la naturaleza. En muchos aspectos se consideraban una especie «guardabosque» que vivía en y de la naturaleza pero «obedeciéndola» como algo superior, ya sea por su valor intrínseco, ya sea por ser obra divina.

Esas sociedades no pueden imaginarse otra manera de vivir y, por tanto aunque puedan depredar notablemente el entorno, se consideran defensoras del orden natural y no se incluyen entre los agresores de éste. Tiene razón Bauman (2007) en que el guardabosque suele actuar con la concepción de que «las cosas están mejor sin tocarlas», aunque ciertamente las está «tocando» y cambiando continuamente y a menudo con importantes efectos. En definitiva: no es lo mismo un bosque que un bosque «con guardabosque», pues este no es un agente neutro ni necesariamente sus intereses particulares tienen que coincidir de forma plena con los de «su» bosque.

En todo caso, las sociedades que se han configurado bajo el modelo del «guardabosque» no se conciben viviendo fuera de «su» bosque, ya que lo sienten como su lugar natural, parte intrínseca de su identidad y dando sentido último a su existencia. Para esas sociedades, el bosque es «el mundo», su mundo y —por tanto— en principio no les interesa lo que haya más allá, ni tampoco abandonarlo. La mentalidad reflejada en muchos mitos corresponde a esa metáfora del guardabosques, a menudo en la versión más religiosa de proteger las esencias eternas y el orden surgido de la creación y «mandatos» divinos.

En las sociedades estructuradas bajo el imaginario de ser los «guardabosques» de su entorno, es una gran patología o pecado querer ir en contra del designio de los dioses y del orden cósmico. Pretender cambiarlas es locura, un terrible pecado de orgullo y vanidad. Los griegos clásicos llamaron «hybris» a ese tipo de actos impíos, condenados al fracaso y susceptibles de ser castigados por los dioses. Precisamente, lo cometían aquellos hombres (como Edipo) que creían poder decidir de acuerdo con su propia voluntad sin atender a que —en el fondo— tan solo eran «guardabosques» de los dioses.

El moderno «jardinero» y sus homólogos

En cambio hay sociedades estructuradas básicamente bajo la metáfora del «jardinero». Para Bauman (2007) son básicamente las modernas, pero en algunos aspectos también incluyen desde el capitalismo fordista (y podríamos usar las metáforas del «tecnólogo» o el «ingeniero») hasta las básicamente agrícolas (podríamos usar las metáforas similares del «agricultor» o el «ganadero»). Las presuposiciones y actitudes subyacentes a esas sociedades son que es necesario dominar y mejorar el orden natural, definiendo un progreso infinito inspirado en una utopía.

El jardinero, como los «tecnólogos», los «ingenieros», los «agricultores» y los «ganaderos», quiere perfeccionar y transformar conscientemente la preexistente naturaleza salvaje. Así arranca las «malas hierbas», etc. (otros seleccionan y reproducen buenos especímenes de plantas o animales, construyen máquinas y otros dispositivos) siempre de acuerdo a objetivos propios que sabe en gran medida «artificiales» pero superiores. El jardinero parte de planificaciones, diseños y objetivos propios, a partir de los cuales interactúa (de tú a tú o incluso como «su dueño») con la naturaleza, por una parte forzándola y dominándola, pero por otra parte estudiándola y aplicando las leyes que descubre en ella.

El «jardinero» (como los «tecnólogos», «ingenieros» e —incluso— «agricultores» y «ganaderos») encara las complejidades y problemas del mundo bajo el modelo del laberinto babilónico, lleno de puertas cerradas que hay que abrir y de callejones sin salida que hay que sortear. Totalmente al contrario del «guardabosques», que no concibe salir de su bosque por miserable o incómodo que sea vivir en él, el «jardinero» quiere transformar completamente el entorno «natural» o «salvaje». Lo percibe como un laberinto que bloquea sus ansias de libertad, pues su capacidad de configurar nuevos órdenes en función de los propios diseños necesita espacio «libre» y «abierto», donde pueda construir o cultivar con absoluta libertad. Donde pueda edificar su jardín soñado.

Pues los modernos «jardineros», «tecnólogos», «ingenieros», «agricultores» y «ganaderos» adoran las utopías, el progreso y siempre tienen un diseño propio del orden adecuado para el mundo. Les es consubstancial tener una ideología o cosmovisión que tienden a imponer universalmente, revolucionariamente y sin límites... No tienen los «prejuicios», las cortapisas mentales ni el respeto ancestral que —como hemos visto— caracteriza al «guardabosques».

Igual como no tienen respeto por las «malas hierbas» ni por todo lo «salvaje» que se opone y bloquea sus planes soñados de «jardín perfecto», tampoco no tienen ningún respeto por los que no se movilizan por su utopía o —incluso— no encajan en ella. Viéndolos como «malas hierbas» o «salvajes incultos» tienden a verlos como muros y puertas cerradas que hay que romper, abrir y eliminar para dejar espacio al «progreso», a la «perfección» diseñada, a un mundo-jardín construido sobre la base de la tecnología. Llevados por su misma voluntad de poder (Nietzsche) y sus ansias de progreso, utopía, revolución, plenitud y perfección (Mayos, 2004: 157 y ss), hay en ellos una significativa tendencia a la exclusión de lo que se opone a «esas maravillas que imaginan».

Por eso, incluso muchas veces tienen violentas tendencias de colonización y totalitarismo. Como valoran tanto su utopía, designio, voluntad de poder, capacidad de hacer «progresar» al mundo y de llevar a cabo una radical «revolución» de las cosas, les cuesta respetar a los que se oponen a tales mejoras. Pues ¡todo sería mejor y mucho más fácil si no existieran! Quizás esa pulsión puede explicar también la «oscura» relación que según Michael

Mann (2009) parece haber entre modernidad (incluso democrática) y campos de internamiento-exterminio, limpiezas étnicas y genocidios. En esa línea pero más radicalmente, Giorgio Agamben (2005) ve en el estado de excepción una constante de los regímenes modernos.

En su búsqueda de perfección, generan ciencias, epistemes, disciplinas o saberes (Foucault, 1993) que les permitan dominar los distintos objetos que configuran. Así surgen la jardinería, la agricultura, la ganadería, las tecnologías y las ingenierías. Incluso y en la medida que ese saber es proyección del poder de su designio, esperan de esos saberes que refuercen y retroalimenten el poder del que surgieron. Todas esas disciplinas tienen como objetivo primordial «introducir» sus respectivos órdenes y designios superiores en las cosas y en un mundo que —sin su intervención— serían salvajes, silvestres, no «humanizados», no explotados y sin «perfección» técnica.

La mentalidad profunda de «jardineros», «tecnólogos», «ingenieros», «agricultores» y «ganaderos» coincide en esos presupuestos básicos. Además suelen estar en constante pugna por ampliar y perfeccionar «su diseño» lo máximo posible; hacerlo más extenso y más perfecto en su concepción. Suelen ser colonizadores e, incluso, totalitarios por naturaleza y convicción, pues aspiran a convertir «su diseño» en universal, omnipresente y total tanto en extensión como en intensidad. Consciente o inconscientemente, tienden a querer que el mundo entero se configure de acuerdo a «su proyecto de mundo». Tienden a que el mundo sea como un jardín, una inmensa huerta, un prado sin fin para su ganado, la «megamáquina» (Mumford, 2010) o la mayor obra de ingeniería concebible.

Pero la paradoja es que a menudo dependen en gran medida y precisamente de lo no ajardinado, del bosque más allá de la huerta y del prado, de lo todavía salvaje y no urbanizado... Karl Polanyi (2003) explicó muy bien las dificultades vividas por los campesinos ingleses cuando se privatizaron los bosques y prados comunales. Fueron obligados a emigrar masivamente a los suburbios urbanos pues ya no podían mantenerse incluso teniendo tierras que cultivar. Necesitaban complementar sus cultivos aprovechándose de las tierras comunales: recogiendo leña, cazando o pescando ocasionalmente, recogiendo frutos, tubérculos u hongos silvestres, dejando pastar en ellas alguna res, etc.

Los «jardineros», «tecnólogos», «ingenieros», «agricultores» y «ganaderos» de la modernidad viven en gran medida y todavía de eso otro que está más allá de lo que ellos han construido. Quizás no dependan de él directamente, pero lo presuponen; dependen de que en alguna parte todavía haya tierras «libres», materias primas que explotar, selvas que talar y poblaciones de lo que hemos llamado «guardabosques» que desplazar o colonizar. Por eso, su mismo deseo de expansión puede convertirse en la fuerza que los haga mutar de manera profunda, cuando finalmente desaparezca esa alteridad que van reduciendo por su misma dinámica.

Los «jardineros», «tecnólogos», «ingenieros», «agricultores» y «ganaderos» se ven obligados a transformarse por su mismo éxito. Cuando los turbohumanos ya no tengan qué explorar, desbrozar, colonizar, explotar, tecnificar y urbanizar dejarán totalmente de concebirse ante un laberinto babilónico (que presupone una salida y un más allá sin puertas ni muros), para darse cuenta que han entrado (y ahora sin salida definitiva) en el laberinto del desierto. Y este no tiene fin, ni salida. Tan solo tiene pequeños oasis, ríos temporales, lagos que se secan, dunas que hoy descubren importantes ruinas o riquezas —pero que mañana pueden volver a quedar cubiertas—, depósitos subterráneos de petróleo, gas o agua...

«Emprendedores», «cognitariado» y «precariado» como «cazadores» de oportunidades

Entonces ha llegado la era de los «promotores», «desarrolladores», «emprendedores» y «cognitariado» que —paradojalmente— tienen mucho que ver con los «cazadores» postmodernos de que habla Bauman (2007). Es cierto que prescinden de grandes utopías, ideologías, revoluciones y proyectos a largo plazo para limitarse a ir sobreviviendo, cobrarse individualmente las piezas más valiosas y poder alargar así su precario proyecto personal. Sin duda, ello les cansa, les parece una esclavitud, lo valoran como poco rentable o, simplemente, consideran un sueño imposible tener un jardín, cultivar sus propias tierras, apacentar el ganado familiar o —incluso— construir una obra ingenieril que debe durar a muy largo plazo como una gran presa.

Los acelerados cambios sociales han convertido todos esos «sueños» en demasiado tangibles, excesivamente «sólidos», poco flexibles o adaptables a los flujos financieros de los mercados y —también— poco susceptibles de ofrecer los enormes beneficios a corto plazo que hoy parecen imprescindibles. Representan inversiones a demasiado largo plazo que «fosilizan» los capitales financieros y también cognitivos y humanos. Además, permiten poco «juego» y disponibilidad ante posibles futuras oportunidades de negocio más lucrativas o las amenazas de la precariedad existencial, profesional o laboral. Pues lo que se les exige «cazar» hoy son precisamente «oportunidades» por naturaleza circunstanciales, precarias y efímeras.

Esos «cazadores postmodernos» no buscan animales salvajes sino las más inestables e inseguras oportunidades, que oscilan entre un trabajo provisional o a tiempo parcial, y los negocios más «salvajes» y rentables. Pero ambos extremos coinciden en tener que centrarse en apuestas laborales, económicas y tecnológicas a corto plazo, precarias y siempre inseguras. Eso es lo que une tanto al miserable trabajo, hoy habitual, como a las suculentas plusvalías que algunos pueden obtener: siempre son algo temporal, rápido, efímero, precario, breve y sometido a la ley de: «rendimientos pasados no garantizan rendimientos futuros».

Dicho esto, hay que advertir que el «cazador» de Bauman (2007) coincide menos con la actitud, mentalidad e imaginario social obligatoria tanto para el cognitariado y precariado (Standing, 2013; Mayos, 2013c), como los emprendedores y depredadores postmodernos. Pues el gran drama conjunto del emprendedor posmoderno y del precariado cognitivo es que ya no les está permitido concebirse viviendo en y de la naturaleza, obedeciéndola, cuidándola y venerándola.

Insertos ya en el capitalismo turboglobalizado, a todos ellos no se les ofrece el más mínimo ni estable «orden natural» y, aún menos, la posibilidad de decidir que «algunas cosas están mejor sin tocarlas». Por el contrario, todo les presiona para que se comporten como si todas las cosas estuvieran para ser transformadas en oportunidades laborables, de negocio y rentables Startups. En muchos sentidos los «promotores», «desarrolladores» y «emprendedores» están sometidos a una muy similar presión que el precariado, por eso tienen que mirar el bosque o los entornos naturales como meras oportunidades circunstanciales que hay que poner en explotación.

Además, deben hacerlo sin pretender vincularse o atarse a ellas como el «jardinero con su jardín» o «el agricultor con sus tierras de labranza». Coinciden con todos los «cazadores» en no estar dispuestos a desperdiciar o dejar de cobrar cualquier pieza de cierto valor; pero tampoco se encariñarán con ella ni la cultivarán para que devenga su «jardín», sus «tierras» o su «casa». Al contrario deben mantener la distancia y el espíritu meramente depredador que lo reduce todo a una circunstancial oportunidad de «curro» o de negocio que, siempre, será algo efímero. Eso significa en el mundo laboral actual que, al firmar el contrato inicial, también firman inevitablemente las condiciones del despido. En el momento de «entrar-invertir» en un negocio o Startup tienen que prever ya el cercano momento de «salir-realizar-beneficios»... para dedicarse a otra cosa.

Todos los trabajadores (sean manuales o no intelectuales), y también los «promotores», «desarrolladores» y «emprendedores» elogiados en las facultades de negocios, son «cazadores» precarios de oportunidades. Incluso pueden apostar por ellas a medio plazo esperando que «madure» ese modelo de negocio. Pero llevan profundamente inscrita su «precariedad» y, por eso, en todo momento están obligados a prestar atención a otros posibles empleos y «emprendimientos» alternativos. Además sabiendo que —siempre y por su naturaleza— son efímeros, que no pueden eternizarse en ellos y, por tanto, calculando cuál es mejor momento para salir o cambiar.

Los «emprendedores», «cognitariado» y «precariado» del capitalismo turboglobalizado están obligados a vivenciarlo todo como alguna de las oportunidades laborales o de negocio que se presupone que deberán ejecutar, explorar, desarrollar y poner en explotación a lo largo de su vida. Todo impulsa para que no solo configuren así su vida profesional, sino también todos los aspectos de la vida cotidiana. Pues, incluso las relaciones personales se verán afectadas por ese tipo radicalmente «instrumental» de subjetivación y de actitud.

Incluso las parejas sentimentales son vistas como oportunidades de vida feliz y para determinados goces pero, por supuesto, sin compromisos eternos ni incluso a largo plazo. La aceleración turboglobalizada de la destrucción creativa hace que sea casi imposible pensar en esos términos y más allá de pasado mañana. Aún más, obliga a verlos como algo condenado al fracaso, como una alienación que «se puede querer» pero que —en todo caso— «se sabe» que no se podrá tener.

Únicamente resulta posible pues una carrera incesante, con solo metas volantes temporales, que tan solo sirven para recuperar el aliento y que se basa en la pesadilla, que Bauman (2007) llama «sueño» y «utopía» «de un trabajo sin final». Además, y a diferencia de los cazadores tradicionales que gozaban de una cierta solidaridad pues a menudo debían atacar en grupo, los emprendedores, promotores y desarrolladores de nuevas tecnologías u oportunidades de negocios básicamente son individuos que compiten entre sí. El capitalismo turboglobalizado también comporta que terminen compitiendo entre sí el «cognitariado» y el «precariado».

Les impone un muy parecido destino existencial, esto es la potenciación de la destrucción creativa y la «individualización» por el neoliberalismo. Pues incluso el famoso liderazgo cooperativo y el trabajo en grupo es una pausa en la guerra de todos contra todos; como decía Foucault (inspirado por Claussewitz): la política y la diplomacia son la continuación: es la continuación de la guerra por otros medios.

Por eso, «emprendedores», «cognitariado» y «precariado» tienen que asumir el laberinto del desierto como su destino. Saben que en plena turboglobalización ya no quedan espacios naturales libres y no explotados, donde asentarse definitivamente para devenir «jardineros», «agricultores» o «ganaderos» sedentarios. Ya no queda ningún lugar libre, fijo, «propio», sólido y permanente en que el cansado «guerrero» pueda establecer su «hogar», y donde pueda plantar la semilla de su «linaje» y un proyecto familiar a largo plazo.

En el laberinto del desierto —como en las películas de Mad Max— ya no existe ningún lugar donde establecerse, «echar raíces» y colgar el cartel de «hogar, dulce hogar». Ello es comprensible porque el capitalismo cognitivo define un mundo básicamente virtual, más vinculado a la tecnología en acelerada destrucción creativa, que a la vida estable de los antiguos modelos de «jardinero» o «guardabosques». El capitalismo cognitivo turboglobalizado obliga a la gente a mantener siempre «abierta su biografía» (Honneth, 2009) y —además— les devuelve sus ideales autoexpresivos en forma de presiones y exigencias sociales que —como hemos visto— generan nuevas y muy extensas patologías.

El capitalismo cognitivo y turboglobalizado define un mundo en transformación constante donde —como en las dunas del desierto o las olas del mar— se puede circular a gran velocidad, pero es prácticamente imposible instalarse permanentemente en parte alguna. Es un mundo infinito, sin límites, ni condiciones... siempre en tránsito y donde todo está en mutación perpetua, pues todo lo sólido se desvanece en el aire (decía Marx).

Ciertamente los «emprendedores», el «cognitariado» y el «precariado» son educados para cazar toda oportunidad laboral o de negocio. Toda su formación está cada vez más focalizada a que —en medio del laberinto del desierto— estén atentos a detectar posibilidades de trabajo e —idealmente— promoverlas, desarrollarlas y convertirlas en rentables Startups.

Pero —insistimos— por rentables que sean esas «oportunidades» jamás pueden confiarse en que serán su «tierra prometida», donde dejar de ser extranjeros, instalarse permanentemente y multiplicarse. La aceleración turboglobalizada de la destrucción creativa no permite tales niveles de «solidez» y, por tanto, tan solo pueden ser pequeños oasis dispersos en medio del infinito. Pueden constituir una oportunidad de negocio e incluso un oportuno descanso, pero jamás un hogar a largo plazo.

Pues los siempre cambiantes vientos del desierto pueden sepultar en arena cualquier oasis. Como un destino ciego, los mismos vientos que hoy despejan y hacen posible un oasis, mañana volverán a sepultarlo. Por ello, esos nuevos cazadores en que se han convertido —lo quieran o no— los «emprendedores», el «cognitariado» y el «precariado» del capitalismo turboglobalizado, tendrán que abandonarlos más pronto que tarde para buscar otros oasis y oportunidades en un horizonte sin fin y donde ya nada es permanente.

No debe extrañar pues que en el capitalismo cognitivo turboglobalizado la patología emblemática o —incluso— el gran pecado laico sea desfallecer, rendirse, dejar de correr y bajar los brazos, ser incapaz ya de reinventarse o de volver a salir a la descubierta. Solo pensarlo provoca terror en el cognitariado que obligatoriamente tiene que habitar en el laberinto del desierto y, por eso, lo llaman: quemarse, síndrome del *burnout*, obsolescencia.

Como vemos, a los «emprendedores», «cognitariado» y «precariado» del capitalismo turboglobalizado, sobre todo les es prohibido comprometerse e implicarse personal o a largo plazo con un trabajo, negocio o inversión concretos. Por ello no nos debe extrañar que jamás puedan llegar a tener para ellos el valor utópico, «absoluto» y vinculado a su misma identidad del «jardinero», ni tampoco el respeto humilde del «guardabosques». Tanto uno como el otro se sienten felices en sus respectivos mundos y no quieren abandonarlos. Tanto para uno como para el otro, el jardín y el bosque forman parte de su ser más querido, íntimo y profundo. Para ellos es lo más parecido a lo que Taylor (1996) llama su «hiperbien», que está por encima de todas las cosas y por lo que vale la pena sacrificarse.

A largo plazo y dados lo grandes bandazos y crisis que provoca la acelerada destrucción creativa, es muy difícil distinguir a entre «emprendedores», «cognitariado» y «precario». Aunque coinciden en que no pueden permitirse comprometerse a fondo ni personalmente con un trabajo, proyecto, promoción o empresa Startup concreto y a largo plazo. Para ellos solo lo efímero y lo precario es posible, como si estuvieran bajo la cruel ley que enuncia el sabio sátiro Sileno: miserable y mortal especie de humanos, lo mejor para vosotros sería no haber nacido, pero puesto que ello ya no es posible, lo mejor para vosotros es morir jóvenes.

Hielo frágil, pendiente resbaladiza y verdad

Hemos visto que las sociedades premodernas se consideraban totalmente estables y no solían percibir su lenta pero profunda transformación. Eso ya no sucede en las sociedades modernas que, cada vez más, sufren la tensión de los cambios acelerados y la más radical destrucción creativa. Por eso es lógico, aunque tiene su paradoja, que el término «tradicionalismo» surgiera a finales del siglo XVIII y —su versión más estructurada y beligerante— fuera un fenómeno moderno, en el sentido de una reacción antimoderna a los cambios introducidos por la modernidad (Mayos, 2010a: 46ss). Por eso hay una significativa y comprensible angustia en el grito del Carlismo tradicionalista español: ¡así lo hemos encontrado [todo: el mundo, la sociedad, las cosas...], así lo dejaremos!

Aunque muchas veces tengan pulsiones similares, los emprendedores precarios postmodernos tienen que tener muy presente que detenerse —aunque sea solo un momento— es para ellos algo muy peligroso que amenaza «tragarlos» en la obsolescencia. Pues ciertamente el «suelo» de la turboglobalización capitalista cognitiva de hoy no tiene el grosor y la estabilidad del Carlismo ni del mundo premoderno.

Aunque parezca muy paradojal, los postmodernos y precarios «náufragos» perdidos en el metafórico «laberinto del desierto» deben actuar como los patinadores en un lago que tiene una capa de hielo muy fina. En tal caso, y como aconsejaba Ralph Waldo Emerson, la mejor estrategia para que el hielo no se rompa bajo nuestros pies es patinar a enorme velocidad. Aún más, lo peor que se puede hacer es detenerse, momento en el cual nuestro propio peso rompe el hielo y nos traga la fría agua.

En una línea similar y con una metáfora también muy adecuada, Hartmut Rosa (2011: 21s) describe la actual turboglobalización en acelerada destrucción creativa como una pendiente resbaladiza. Una vez más, se hace la sorprendente y desestructurante experiencia de que —para mantenerse en el mismo sitio y sin caer— es necesario un ímprobo esfuerzo moviendo continuamente y muy rápido piernas y pies. Solo así se genera suficiente fricción como para mantenerse sin resbalar, aunque normalmente sin poder subir o salir de la pendiente resbaladiza.

Pues así experimentamos nuestro tiempo y sociedad. Tenemos que correr continuamente para permanecer en el mismo sitio y evitando la obsolescencia. Tiene razón Rosa (2011: 21s) en que la acelerada destrucción creativa sume el mundo en el más incesante cambio, donde «se vuelve crecientemente más difícil decir qué opciones eventualmente llegarán a ser valiosas». Y ello obliga a que nadie se atreva a dejar pasar o prescindir de oportunidades que pueden ser muy valiosas y —quizás— las únicas que se le presentaran a uno.

Pero tal bulimia fáustica de aprovecharlo o intentarlo todo no se puede sostener a medio y largo plazo. Entonces, cuando cansados o desanimados, cesamos en nuestro frenético baile sencillamente la gravedad nos hace caer resbalando.

Estas metáforas describen aspectos significativos de la experiencia humana en el capitalismo cognitivo turboglobalizado. En muchos sentidos hoy vivimos permanentemente luchando contra la infoxicación o sobrecarga informativa que provoca conocidos síndromes de *burnout* y de obsolescencia cognitiva. Pues frente a la avalancha cognitiva que provoca el actual proceso matlhusiano en la información tenemos dificultades para actualizar una adecuada cosmovisión, una eficaz ontología del presente o reciclar permanentemente nuestro conocimiento profesional.

Una última paradoja que queremos destacar: los actuales capitalismo y sociedad «del conocimiento», que prometían ser el reino de la verdad, la luz y la ciencia, se están convirtiendo en un mundo de simulacros, de espectáculo y de las más banales opiniones. Como ya apuntaba Dickens en el inicio de *Historia de dos ciudades*, se superponen angustiosamente los contrarios: luz y tinieblas, saber e ignorancia, escepticismo y credulidad, optimismo y pesimismo, potencia casi infinita y obsolescencia por esa misma potencialidad, verdad y simulacro...

La «voluntad de verdad» (Nietzsche) y el sueño de que podremos alcanzarla parece recibir uno de los golpes más terribles precisamente en la época donde todos nos hemos convertido en cognitariado (Mayos, 2013c). En el capitalismo cognitivo donde la tecnología y el saber es de mucho el factor más productivo, donde cada uno vale exactamente lo que vale su cognición y lo que sepa hacer con la infinita información disponible, y donde esta tiene un coste marginal que tiende a cero (Rifkin, 2014), la verdad parece amenazada nihilistamente.

Ciertamente el coste marginal (de añadir otra unidad más) de la circulación y reproductibilidad de la información es cada vez menor hasta tender a nulo. Ahora bien, precisamente por las dificultades patológicas que introduce ese malthusianismo informativo, aumentan muchísimo los costes de interpretar y sintetizar ese caos informativo en un conocimiento y cultura que sustenten la civilización y la verdad en lugar de ridiculizarlas.

La actual inestabilidad es consecuencia de la aceleración creciente (Rosa, 2013) y de una destrucción creativa que tiende a la instantaneidad. Provoca indefectiblemente cansancio, claudicación, obsolescencia y *burnout* en la búsqueda y determinación de la verdad. También desaparecen o se vuelven líquidas (Bauman) las coordenadas axiológicas, hasta bloquear todo criterio y crítica en los individuos. Se vuelve así imposible hallar ningún «punto fijo» que, como apuntó Arquímedes, es condición de posibilidad de cualquier movimiento y acción efectiva. Un nihilismo, como anunciaba Nietzsche, se cierne así sobre —precisamente— «la sociedad del conocimiento».

Así como para ver se necesita el punto ciego de la retina (que no puede verse a sí misma precisamente en tanto ve), también es preciso tener algún «punto fijo» o incuestionado para llevar a cabo cualquier crítica o evaluación reflexiva que permita discriminar algo dentro del caos inmediatista que todo lo mezcla y difumina.

Como apunta Baudrillard (1981), ello nos lleva a un desierto «hiperreal» de simulacros donde tenemos inevitablemente que renunciar al ideal o patrón de verdad, pues los costes por determinarla son enormes. En tales casos, el simulacro (que en sí mismo no miente, pues es una «realidad» que se presenta a sí misma como falsa o —al menos— relativa) sustituye toda pretensión de verdad-credibilidad. Pero en la «sociedad del simulacro» de Baudrillard (Mayos, 2010b) ya solo queda constatar flashes, presencias, visibilidades, «intercambios simbólicos» o hegemonías culturales. Pues lo realmente importante en los actos comunicativos son los efectos perlocutivos y performativos, sustituyendo a toda intención ilocutiva de verdad.

Actualmente dirimir la verdad o la carga de información correcta tiene enormes costes bajo la avalancha informativa actual. Incluso, manifiesta pocas posibilidades de conducir a una conclusión que no sea también disputable y disputada. Por eso, los esfuerzos cognitivos y comunicativos se centran en hacer cosas con palabras (Austin, 1982), transformando la realidad e influyendo en la gente, convenciéndola, seduciéndola, «reencantándola» (Weber) y sometiéndola al «espectáculo» (Debord).

El objetivo y modelo últimos a los que tienden cada vez más los actos «comunicativos» son los performativos; es decir: aquellos que ellos mismos crean o imponen su verdad. Es el caso, por ejemplo, de cuando una artista famosa dice en un anuncio que debe su belleza a tal producto ¡y la gente le cree! Cuando un juez dictamina en su tribunal que el «juicio está listo para sentencia». En tales casos, lo comunicado puede ser muy discutible, injusto, erróneo o completamente falso, pero lo que cuenta es que determine o no los acontecimientos y comportamientos de la gente... y por tanto que —en cierto sentido— «funcione como verdad».

Con cruel ironía, hoy hemos substituido los complejos y lentos de «descifrar» sistemas filosóficos omnicomprensivos de Hegel... o la sesuda Enciclopedia francesa (que Diderot y D'Alembert presentaban como el conjunto de los conocimientos e ideales de la Ilustración) por las rápidas síntesis de la «Wikipedia». Significativamente esa útil —pero muy irregular e insegura— enciclopedia se denomina así por el término hawaiano «wiki» que significa «rápido».

Es por ello una clara muestra de la servidumbre temporal de nuestra sociedad que tiende a planteamientos cínicos del tipo: si hay que escoger entre una verdad a la que hay que dedicar mucho tiempo o un rápido simulacro que —aunque sea susceptible de peligrosos errores— funcione «como si fuera la verdad», será este último el que escogeremos velozmente y sin dudarlo en lugar de la primera.

Significativamente, sería la cara contraria de la famosa elección planteada por Lessing: si Dios me ofrece en una mano la verdad y en otra el camino para llegar a ella, escogería la segunda. Pero hoy, la rápida plausibilidad es elegida frente al lento y dificultoso camino hacia la verdad. El simulacro suplanta y «difiere» (Derrida) a la verdad, incluso aún cuando no sea descartable poder determinarla rigurosamente.

Frente a la moderna infinita ambición fáustica, hoy parece imponerse la depresión o el cinismo que sustituye la difícil verdad por su espectacular y efímero simulacro. Ehrenberg (2000) y muchos otros vinculan el enorme incremento en la sociedad actual de las depresiones a la imposibilidad de responder permanente e individualmente a los abrumadores retos de hiper-productividad, consumo, hedonismo, éxito e incansable autoexpresión.

Pues en las efímeras y cambiantes sociedades líquidas (Bauman) han desaparecido las instituciones comunitarias tradicionales que guiaban al individuo (muchas veces tiránicamente) y, por tanto, este queda bajo su exclusiva cuenta y riesgo, de tal manera que la abrumadora responsabilidad fácilmente se metamorfosea en patológicas culpabilidad y depresión. Nadie —especialmente ningún individuo aislado— puede pretender vencer en todo momento a los retos de un mundo y una vida siempre cambiantes. Ahora bien, en tal situación nadie puede escapar de la sensación de que uno se ha quedado solo con su responsabilidad, de que es totalmente responsable de sí mismo y de lo que le pueda pasar. Entonces incluso la explotación sufrida acaba siendo interiorizada como autoexplotación, autoderrota, desfondamiento interior y *burnout*.

Aceleración, globalización y ¿de quién aprender?

La modernidad es la época de la velocidad y está marcada por una creciente aceleración del tiempo. Quizás Harmut Rosa es quien actualmente ha estudiado más sistemáticamente ese fenómeno. Coincidimos con Rosa (2011: 17s) y con Margared Mead (1977) en que podemos sintetizar tres fases o modelos significativamente diferentes en la forma en que la aceleración marca las experiencias vitales, las actitudes de aprendizaje y formación, las relaciones laborales y profesionales, los compromisos familiares y entre las distintas generaciones, y la percepción o vivencia de la globalización.

¿Hay globalización? Apostando sobre seguro: la sabiduría de los ancianos

Una primera etapa corresponde a un modelo de cambio social y tecnológico casi nulo. No solo puede describir adecuadamente las sociedades de mitopoiéticas de cazadores-recolectores y las civilizaciones agrarias tradicionales, sino incluso también —a grandes rasgos— los primeros inicios de la edad moderna. Su común característica básica es que —aunque haya cambio— éste es tan lento que, o bien no es casi percibido, o bien lo es pero resulta bastante asumible por la población implicada.

Naturalmente eso no quiere decir en absoluto que la vida fuera fácil (nunca lo ha sido), sino que la coincidencia de al menos tres generaciones permitía que las más jóvenes aprovecharan y usaran como eficaz guía la experiencia de las más ancianas. Así se explica el conocido y profundo respeto de las sociedades tradicionales hacia sus miembros más longevos que eran percibidos como los más sabios, porque gran parte de sus experiencias mantenían su valor y vigencia en el presente.

En tales circunstancias, la mejor estrategia adaptativa para los jóvenes solía ser aprender y seguir la sabiduría de los ancianos. Aún más, cuando casi siempre su destino o objetivo vital era heredar las labores, responsabilidades y funciones de éstos. Igual como el hijo de rey normalmente debe sustituir a su padre en el momento de tránsito que sintetiza la fórmula ritual: «¡El rey ha muerto. Viva el rey!», donde la primera aparición del término «rey» designa al recién fallecido y la segunda al recién entronizado. La idea subyacente es que al morir el primero traspasa la dignidad y potestad real al segundo de forma automática y sin solución de discontinuidad. ¡En definitiva, no habría ni un solo instante donde no hubiera rey legítimo y proclamado!

Evidentemente ese modelo tan perfecto no se da nunca en la realidad ni mucho menos más allá de los fastos monárquicos. Pero era habitual que los hijos heredaran el trabajo, negocio y profesión de los ancestros como heredaban los genes, su fortuna, el linaje y los privilegios o deberes estamentales. El estudio de la historia y la etnología sugiere de forma muy constatada que, en sociedades caracterizadas por ese cambio lento o sin prácticamente cambio, las generaciones posteriores lo aprenden casi todo de las anteriores y, por eso, son tan devotas de éstas y acaban depositando una fe casi religiosa en la sabiduría que les transmiten.

Para ellas, aprender de los más ancianos y asumir sus perspectivas existenciales, religiosas, culturales, etc. es una apuesta prácticamente segura o con mucho la mejor de que disponen. Eliade, Levi-Straus o Blumenberg muestran que la temporalidad arquetípica y circular de los mitos encaja perfectamente con sociedades que experimentan cambios muy lentos o ninguno en absoluto.

También esa ausencia o falta de percepción detallada de grandes cambios es lo que hace que esas culturas tampoco perciban la globalización, aunque de alguna manera ya estén inscritas en ella. Pues la humanidad ha estado suficientemente globalizada históricamente como para que no haya generado otras especies en su seno (como predice Darwin en casos de prolongada falta de interacción reproductiva). Y además de que haya exterminado sin excepción las restantes especies homínidas que existieron (los neandertales entre otras). Es muy significativo que ninguna de ellas haya conseguido sobrevivir en ninguna apartada zona de la Tierra, pues en todas sin excepción habita o está presente de alguna manera la misma especie humana.

El planeta Tierra y la humanidad han estado —pues— lo suficientemente globalizados como para que, ahora mismo y a pesar que hubieron otras especies de homínidos, la humanidad esté presente en todo el globo y que —a pesar de ello— continúe siendo una única y la misma especie. Concluimos pues que ello se ha producido porque ha habido una muy lenta pero constante circulación de humanos por todo el globo, porque —en definitiva— había globalización aunque muy lenta y sin ser percibida.

Por ejemplo y a pesar de las muchas dificultades implicadas, el continente americano fue poblado al menos dos veces distintas y con muchos siglos de separación por grupos humanos que cruzaron el Estrecho de Bering desde Asia. Es una clara muestra de que incluso el continente americano que, estaba claramente separado del bloque euro-africano-asiático, mantuvo relevantes contactos con éste y se transmitieron genes, tecnologías... en una globalización tan lenta que la población no la percibía.

Una globalización donde los iguales son guía y competencia

Fuera de puntuales catástrofes, esa lentitud y pobre aceleración de los cambios fue la norma durante milenios. Pero dejó de serlo de forma radical cuando Europa entró decididamente en la edad moderna y descubrió, dominó y colonizó la práctica totalidad el mundo. Wallerstein (1984 y 1998) destaca que entonces apareció un «moderno sistema mundial» digno de ese nombre, a diferencia de otros anteriores más circunscritos geográficamente.

Con la industrialización la capacidad humana de transformar los entornos naturales y sociales aumentó enormemente, acelerando los tiempos y los cambios. Evidentemente también aumentó la velocidad de los transportes, el comercio internacional y los contactos culturales. Entonces la globalización ya fue perceptible y la mundialización era clara aunque estuviera escindida entre distintos imperios y sus colonias o geopolíticamente bipolarizada durante la Guerra fría.

Entonces, aunque la aceleración e intensidad de la interacción no era comparable a la actual que, por eso, la denominamos «turboglobalización» (Mayos, 2015b y 2012a), el ritmo de cambio ya fue difícil de asumir por la población. Cada generación tuvo que hacer frente y adaptarse a una sociedad ya bastante distinta de sus padres y abuelos. Estos normalmente pueden disfrutar con relativa calma de los aprendizajes y experiencias que han realizado a lo largo de toda su vida, pero ya muy difícilmente pueden esperar que sus hijos vivan de la misma manera. Cada nueva generación tiene que adaptarse a cambios suficientemente importantes como para que su vida ya no pueda guiarse por la de sus ancestros.

Significativamente es entonces que se extiende la «libertad» (correspondiente a las nuevas necesidades) de que los hijos elijan su propia profesión, se formen adecuadamente para ella en instituciones especializadas que ya son muy diversas de los padres y sus empresas. En estas circunstancias, la elección suele ser para toda la vida, pues la dinámica social es lo bastante estable como para que, tanto los oficios manuales como las profesiones más «liberales» y lo esencial de la preparación intelectual, mantengan su vigencia hasta el final de la vida laboral o profesional.

Cada persona —evidentemente en función de sus circunstancias, suerte y esfuerzos— labra su destino para toda la vida, pues aunque continúan sucediéndose los cambios, éstos no lo convierten en obsoleto hasta prácticamente su jubilación o muerte. Eso sí, sus hijos no pueden guiarse por el padre —al menos en los detalles concretos—, tienen que formarse para nuevas circunstancias, conocimientos, profesiones... y escoger su propio camino. También aprenden muy pronto que sus propios hijos van ha tener que hacer lo mismo y, por tanto, aunque les duela tiene que dejarles buscar por sí mismos su destino.

Todos los miembros de cada nueva generación tienen pues que plantearse hacia dónde dirigirse y qué guía pueden encontrar. Como ya hemos dicho y dada la velocidad del cambio, ya no son buenas opciones las experiencias de abuelos y padres; la generación anterior ha dejado de ser una apuesta segura. Ciertamente se crean instituciones —escuelas, universidades, institutos politécnicos, etc.— para formar y guiar adecuadamente la nueva generación, pero a medida que se acelera el cambio incluso los mejores profesionales de la generación anterior dejan de ser también una guía o «apuesta» seguras. Sus conocimientos, por fantásticos que fueran en su momento, comienzan a sufrir una cierta obsolescencia, al menos para los retos más innovadores, creativos y avanzados.

Consciente de tales dificultades, Goethe en su novela de formación *Wilhelm Meister,* concibe una misteriosa congregación que (discreta y benéficamente) ayuda a construir su personalidad y destino a personas de gran talento como el joven Wilhelm. Para ello se le ofrecen oportunidades y personalidades carismáticas que —siempre en secreto— le abren infinitas perspectivas e incluso lo sacan de peligrosos callejones donde el impulsivo joven se ha colocado. Pero significativamente en todo momento evitan coaccionarlo u obligarlo a una opción que este no haya escogido por convicción.

Pues saben que solo es realmente válido el destino que uno mismo ha escogido y se ha labrado, y que incluso la sabia congregación a que pertenecen no puede prever el futuro y lo que será necesario en él.

Cuando importantes cambios separan irremediablemente a las generaciones, comienza a producirse un fenómeno muy interesante y que es muy típico en los modernos adolescentes globalizados: comienzan a fijarse y a tomar como modelo a sus pares de la misma edad pero con mayor éxito (al menos aparente), olvidándose de sus mayores y padres. Margaret Mead (1977: 65ss) afirma que entonces se trata de una «cultura cofigurativa», en la que los jóvenes —muchas veces con gran indignación de sus padres— toman como modelo a otros jóvenes de su generación pues creen que representan exitosamente un estilo de vida más adecuado para la sociedad que está naciendo.

Como las experiencias de los antecesores normalmente han quedado rebasadas y ya no son una buena guía, gran parte de la aculturización social (especialmente la más informal, pero muy importante, que no puede dar la escuela) se produce sobre todo entre los miembros de la misma generación. Así, especialmente durante el período de formación y de las grandes decisiones vitales, las distintas generaciones toman como modelo y guía los miembros que juzgan más lúcidos, aptos, exitosos o adaptados de su parecida edad.

Ello no sucede solo con los jóvenes y en la adolescencia, sucede también en otros momentos bastante posteriores de la vida. Por ejemplo es palpable que ante procesos difíciles como los divorcios, la generación de mediana edad implicada no suele tomar como modelo a sus padres (incluso aunque llevaran bien su divorcio) sino a sus coetáneos y pares que parecen encarar mejor esos retos generacionales. Se presupone pues —con cierta lógica— que la dinámica social de los divorcios ha cambiado tan notablemente que la mejor guía son los modelos de parecida edad y que —en ese preciso momento— están encarando similares dificultades. Mientras que padres o incluso hermanos mayores, a pesar de su buena voluntad, responden a circunstancias ya periclitadas.

Naturalmente tomar como modelo a miembros de la misma o muy parecida edad introduce dificultades inéditas y bastante angustiosas. Quizás la fuente más importante es que esos coetáneos a tomar o no como modelos del propio comportamiento son también competidores directos. Muy al contrario, los ancianos de las sociedades con lentas tasas de cambio ya habían realizado los retos principales de su vida y podían relajarse finalmente transmitiendo sus saberes a los jóvenes y a toda la sociedad en general. Ellos en absoluto compiten con sus discípulos, en tanto que han alcanzado el estatus, función y sabiduría de «maestro» ya no les queda otro objetivo que hacer posible la mejor transmisión y encontrar los mejores discípulos.

Ahora bien enseñar y tener buenos «imitadores» puede ser un peligro considerable cuando se hace dentro del mismo grupo de edad. Pues esos «discípulos» o «imitadores» son competidores y fácilmente pueden superar, y perjudicar al «imitado», desplazándolo por ejemplo del trabajo o función social que ejercía. Como mínimo pueden evitar que consiga otros superiores y más deseables. En tal situación de competencia directa fácilmente se impone un cierto secreto o precavidas precauciones.

Es conocido que en las empresas modernas, donde se han relajado mucho las sólidas barreras jerárquicas y los puestos directivos o laborales «para toda la vida», la competencia más atroz y constante se establece entre los más cercanos grupos de edad y de similar formación. Pues son los propios pares, ¡tanto más cuanto más similares y cercanos son! los que más fácilmente pueden sustituirnos en nuestros puestos o «ganarnos» en las promociones y ascensos. Tal concurrencia, suele provocar que la desconfianza y mala fe aumente con la proximidad, la similitud y las afinidades, en lugar de disminuir como podría imaginarse.

Siguiendo el ejemplo mencionado de los matrimonios en dificultades y de parecida edad, es conocido que el mismo amigo que pide consejo y toma a alguien como modelo en parecidas dificultades, suele convertirse en el principal competidor para sacar «ventaja» de un matrimonio roto o un posible divorcio. En tales casos las diferencias de edad o de circunstancias vitales y económicas más bien minimizan las posibilidades de «choques indeseados»; pero por otra parte —paradojalmente— las afinidades, proximidades, similitudes e igualdades amplifican al infinito los conflictos. Pues, las oportunidades que uno podría desear y obtener son —plausiblemente— las mismas a las que también aspiran los que son muy parecidos a uno mismo. Aquí guía, modelo y competidor se aproximan muchísimo.

Turboglobalización: aprender de los más jóvenes o dar tumbos

Aunque pueda sorprender, la competitividad entre iguales y pares puede relajarse en sociedades de cambio muy acelerado y turboglobalizadas. Tenemos ejemplos con las nuevas tecnologías informáticas, muchas veces son las generaciones jóvenes las que enseñan y guían a las mayores. Sin las cargas del pasado, con la mente más abierta y mejor dispuestos a «jugar» con lo nuevo, son los más jóvenes los que primero descubren esas innovaciones, las testan, aprenden a utilizarlas eficazmente, les encuentran otras aplicaciones para las que no fueron originalmente diseñadas y pueden enseñar todo ello a las generaciones adultas o ya ancianas.

En 1970, cuando escribió el libro, significativamente en íntima interacción con gente mucho más jóvenes, Margaret Mead (1977: 97ss) consideró una posibilidad del «futuro» lo que sin duda hoy experimentamos muchos de nosotros. Seguro que el lector conoce muchos ejemplos parecidos al del párrafo anterior. Lo que de resultas del Mayo 1968 en California, parecía por primera vez una posibilidad factible pero en el futuro, hoy lo reconocemos como una realidad presente en muchos aspectos de nuestra vida.

Ya no se trata solo de que «Hoy todas las personas nacidas y criadas antes de la Segunda guerra mundial, son inmigrantes en el tiempo» (como dice Mead, 1977: 103), sino que muy fácilmente lo somos todos y en muchos aspectos en pocas décadas. La tecnología cambia tan rápidamente y el tiempo se acelera tanto que fácilmente descubrimos que estamos viviendo en una sociedad muy diferente a la de nuestra infancia o juventud. Por eso, aunque nos formáramos muy adecuadamente para aquella, tenemos que reciclarnos y formarnos para la que ha surgido mientras tanto y que amenaza con tornarnos obsoletos.

La percepción es que la sociedad está cambiando más aceleradamente que nosotros y que, por tanto, tenemos dificultades para no quedar desfasados. Como en las metáforas del quebradizo hielo y de la pendiente resbaladiza, experimentamos que si no queremos hundirnos debemos patinar a toda velocidad y sin parar. Pues simplemente para permanecer igual o en un lugar parecido tenemos que movernos a toda velocidad y realizar un gran esfuerzo. Pero, incluso, aflojar la marcha puede equivaler a hundirnos en el agua gélida o caer pendiente abajo.

Si Nietzsche asociaba el niño al «transhombre» o «superhombre» del futuro, Mead (1977: 120ss) considera que solo los niños «prefiguran» la sociedad que viene e intuyen los cambios importantes y —quizás— algunas actitudes aptas para nuevas «navegaciones» en nuestro laberinto del desierto. También Harmut Rosa considera que en la modernidad turboglobalizada las generaciones cambian bastante más lentamente que la sociedad y que, por tanto, normalmente cada generación debe experimentar profundos y reiterados cambios a lo largo de su vida. El proceso de destrucción creativa es actualmente tan acelerado que son del todo inevitables: el reciclaje, la formación continuada, el reinventarse reiteradamente, la innovación constante y el «cazar» nuevas e inesperadas oportunidades.

Evidentemente, tampoco las ocupaciones, trabajos, funciones, aprendizajes, experteces e incluso las profesiones duran toda la vida, sino que al contrario van caducando y cayendo en la obsolescencia. Prácticamente todo el mundo debe asumir cambiantes retos a lo largo de toda su vida y tiene que aprender a detectar lo obsoleto y descubrir lo emergente, para saber sustituir lo primero por lo segundo. En el capitalismo cognitivo turboglobalizado los procesos de formación (*Bildungsroman*) no solo abarcan toda la vida, sino que se han vuelto mucho más azarosos, complejos, caóticos y contradictorios. También parecen condenados a una reiteración «sisífica» que solo puede terminar con la depresión, la derrota o el *burnout*.

Parecen adquirir la desalentadora forma de una travesía por el desierto, con distintos oasis y descansos, pero sin ninguna meta final e, incluso, carente de todo proyecto vital planificado de antemano y a largo plazo (más allá de sobrevivir). Así el carácter (Sennett, 2000), las identidades fuertes y los proyectos de vida a largo plazo desaparecen reducidos a un cínico «situacionalismo» o reactivismo que (incluyendo la política) ya solo se atreve a reaccionar ante las circunstancias inmediatas.

No tiene que extrañar pues que en tal escenario que facilita el desconcierto, la fuerza y lucidez de los más jóvenes se convierta en la única brújula a seguir. Sus intuiciones e intrepidez pueden ser de gran ayuda a los individuos desesperados que, cercados por patologías y obsolescencias socialmente creadas, van dando tumbos y caen en la figura del «drifter» (Sennett, 2000; Rosa, 2011). El drifter remite a figuras como el vagabundo, el holandés errante, el nómade (Braidotti, 1994), el nómada del conocimiento (Cobo Romaní y Moravec, 2011) o el viajero solitario sin rumbo fijo (que Nietzsche dice que está únicamente acompañado por su propia sombra).

Pero a diferencia de todos ellos, como hemos apuntado, el capitalismo cognitivo impone un solo destino permanente: convertirse en cazador de oportunidades laborales o «de negocio» que permitan sobrevivir (siempre provisionalmente) en el laberinto del desierto.

Epílogo

¿Somos turbohumanos precarios y desorientados?

¿Está perdida la humanidad actual? La Tierra entera se presenta hoy como un entorno totalmente dominado por la humanidad, ¿por qué entonces vivimos como perdidos en un complejo laberinto del que no conseguimos salir? Cuando el capitalismo turboglobalizado y cognitivo reduce el mundo a una especie de mónada leibniziana donde el espacio y el tiempo parecen carecer ya de importancia, ¿puede la humanidad perderse en él?

Nunca antes el poder colectivo humano ha sido tan grande sobre todas las especies y la naturaleza en general, pero sin embargo hoy la vivencia humana por antonomasia es la precariedad existencial (¡no solo económica!) y el más angustiante desempoderamiento personal. De manera parecida a como Horkheimer y Adorno (1944) experienciaron la ilustración de su tiempo, los poderosos capitalismo turboglobalizado y sociedad del conocimiento parecen esclavizar y desorientar la humanidad, en lugar de liberarla.

Precisamente cuando el espacio Tierra se presenta como una totalidad perfectamente mapeada y cruzable con la mayor facilidad, ya sea virtualmente con las TIC o realmente con cualquier avión, nos perdemos frente a la increíble aceleración del tiempo, los cambios y la turboglobalización. Parece que hemos exorcizado el laberinto espacial y sus congojas, pero solo para caer en el laberinto temporal, en cambio acelerado y aún más lleno de angustias, patologías socialmente inducidas y peligrosas obsolescencias.

Muy intuitivamente ya Günther Anders (2011) denunció la creciente obsolescencia del hombre o mejor dicho: que lo humano se estaba quedando anticuado, desactualizado y obsoleto, cuando no se autodestruía directamente. Se lo indicaban —sin pretender ser exhaustivo— las terribles barbaries de entreguerras (Shoah, genocidios, campos de exterminio, gulags...) y nuevas barbaries que —se aseguraba— ponían fin a las guerras: las bombas atómicas. También hoy nos enfrentamos con retos parecidos, si bien aparentemente más «banales», «pacíficos» y —se dice— «afortunados». Pues hoy cuesta muchísimo ver el origen y los motivos de nuestros desconciertos, miedos, angustias y patologías socialmente fomentadas.

Olvidando fenómenos como el brutal despertar del terrorismo global y la crisis post 2008, se nos dice que la humanidad ha dejado atrás la muy violenta y «caliente» «era de las catástrofes» (Hobsbawm, 1994), y la bipolar y amenazante «Guerra fría», para dejarse adormecer lánguidamente en la fiesta postmoderna o el «fin de la historia» (Fukuyama, 1992). Pero incluso más allá de esos conflictos, el mundo hiperacelerado (Rosa, 2013; Lipovetsky, 2016; Bauman, 2007) destruye totalmente cualquier pausa o descanso para los «turbohumanos» de hoy (Han, 2012; Mayos, 2013c). Por eso, nos vivenciamos como perdidos en el laberinto del desierto y sufriendo patologías asociadas como el síndrome burnout o las crisis malthusiano-informativas (Mayos y Brey, 2011).

Vivimos cruelmente la hiperexigencia basada en el emprendimiento total que convierte a cada humano en una marca comercial que hay que «vender» como sea. Al respecto, me parecen muy significativos los cinco «mandamientos» que son imputados a Steve Jobs como sus «5 nuncas».[3] Cuatro de ellos destacan distintos aspectos de la actual hiperexigencia sin descanso que nos condena al burnout. Son: «Nunca darse por vencido», «Nunca quedarse inmóvil», «Nunca aferrarse al pasado» y «Nunca dejar de soñar». En términos de nuestra metáfora del laberinto del desierto, esos «nuncas» coinciden en insistir en que jamás aceptemos ningún oasis (ningún «bosque», «jardín» o «tierra de labranza») en la que permanecer como «nuestro hogar» y echar raíces.

Pero queda un quinto «nunca» que —creemos— juega un papel similar a la «esperanza» en el mito griego de la «caja de Pandora». Recuerden: llevada por su curiosidad, la mujer —hecho significativo por entonces— Pandora abre una urna prohibida de donde escapan todos los males para la humanidad. Sobresaltada tan solo acierta a volver a tapar la caja para dejar todavía en ella a la esperanza. Pues bien, el quinto «nunca» de Steve Jobs es «Nunca aparentar» que interpretamos como una exigencia del «ethos capitalista» (Weber, 1992) de raíz calvinista que prohíbe cualquier

---

3   Por ejemplo véase https://mbgagency.wordpress.com/2012/10/18/steve-jobs-y-sus-5-nuncas/

fingimiento que pueda distorsionar o apartar —aunque sea momentáneamente— de la única absoluta «verdad» en que se ha convertido la tarea productiva incesante. Sencillamente no se admite de ninguna manera esa pequeña «esperanza» humana de simular y conseguir —aunque sea con trampas— un momento de tranquilidad, pausa, descanso, olvido, paz...

Parece que la aceleración y profundización de la destrucción creadora —pensada por Schumpeter (1966)— ha dejado de ser una especie de proceso progresista y benévolo del desarrollo capitalista (como ironiza David Harvey, 2004: 33), para ser mucho más torturadoramente desestructurante. Por eso, la mayoría de la población tiene grandes dificultades para superar reiteradamente y a lo largo de su vida ese incesante y cada vez más rápido poder disolvente.

El yo racional, autocontrolado y amo de sí mismo de la Ilustración queda convertido simplemente en empresario de sí mismo. Paralelamente, el yo autoexpresivo postromántico deviene un mero espacio-marca personal. Entonces la orgullosa conciencia autónoma creada durante la modernidad se autoesclaviza (Han, 2012) en su obsesión socialmente inducida de maximizar —sin contrapesos— la propia total disponibilidad, competitividad, empleabilidad, movilización permanente, captación de oportunidades de negocio, obsesiva proactividad, polivalencia, flexibilidad, autoexplotación...

Se trata de una exigencia total que convoca y utiliza todo el tiempo vital disponible y las más diversas capacidades ya que se le obliga a sacar rendimiento incluso de la capacidad de comunicación, la empatía, la inteligencia emocional, la resiliencia, el estrés positivo, las diversas relaciones... Así se entra en una dialéctica —socialmente inducida y de muy difícil superación— donde todo el mundo se juega el propio ser, imagen, autoestima, estatus social, reconocimiento profesional e incluso existencial, toda autosatisfacción y respeto. Esa dialéctica lleva inevitablemente a negar la propia vulnerabilidad o cualquier compromiso extraproductivo. Por eso genera las patologías asociadas que hemos destacado: burnout, desencanto, pérdida de sentido, desilusión, impotencia, cinismo, depresión, relación instrumental con prácticamente todo, culpabilización por la más mínima bajada de ritmo, de energía, de intensidad productiva o —incluso— de suerte.

En un intento de adaptarse a ese mundo postfordista turboglobalizado y en incesante destrucción creativa, como ejemplifica el «gambler» de Sennett (2000), nos autoimponemos «identidades situacionales» (Rosa, 2011) y totalmente «líquidas» (Bauman, 2006 y 2007), ya que no parecen sostenibles identidades más fijas, sólidas y duraderas. Resulta inevitable, pues, una dinámica que va dando tumbos mientras se van superando los constantes obstáculos y retos que incesantemente salen al paso (Luhmann, 1987). Cada uno va jugando las cartas que le otorga la suerte pero, sobre todo, va adaptando sus propias subjetivación e identidad a las cambiantes situaciones vividas en el laberinto del desierto.

En ese mundo humano crecientemente descoyunturado, no solo desaparecen distinciones antes tan claras como existencialmente estructurantes: ocio-trabajo, privado-público, represión-deseo, verdad-mentira, realidad-ficción, imaginación-disciplina... Todo parece desconstruirse (Derrida, 1998) bajo los fantasmas de la sociedad del simulacro (Baudrillard, 1981) y del espectáculo (Debord, 1999), mezclando ideas, valores, creencias, deseos, aspiraciones, motivaciones, placeres, relaciones con otros y con uno mismo...

Ante un mundo tan complejo y sobre todo en acelerado cambio descoyunturante, no debe extrañarnos que la gente experimente nuevas y angustiantes patologías socialmente inducidas. Pues la humanidad es hoy exigida (en parte autoexigida) a un nivel que la pone a prueba y, fácilmente, la derrota. Hemos visto cómo se suceden las patologías emblemáticas durante la historia más reciente. En general se correlacionan con los distintos límites y amenazas contra lo humano que levanta el capitalismo postfordista, cognitivo y turboglobalizado.

Perdidos en el postmoderno laberinto del desierto, todos estamos amenazados por la obsolescencia cognitiva y cultural. Ya no podemos soñar en ser «guardabosques», ni tampoco sedentarios «agricultores» o «jardineros» como aquellos que encima de la chimenea de su casa escribían con orgullo «¡Hogar, dulce hogar!». Al contrario estamos obligados a vagar perpetuamente por un cambiante desierto como angustiados «cazadores de oportunidades» y emprendedores turbohumanos desorientados, cuando no perdidos.

Siempre angustiados por cazar alguna nueva pieza-oportunidad y amenazados por la obsolescencia, si no innovamos o ingeniamos pronto algún nuevo truco. Pues ya no tienen valor los éxitos cosechados anteriormente, por muchos que fueran; y además «no garantizan éxitos futuros», como se dice en bolsa. La destrucción creativa es tan acelerada y profunda hoy, que ya solo nos sirven de algún tipo de guía las generaciones más jóvenes, pues sentimos que algunos son «nativos» en las nacientes tecnologías y el nuevo mundo que definen.

Como hemos dicho, esa es sorprendentemente la gran esperanza del presente. Escrutar, seguir, confiar y dejarse guiar por las generaciones más jóvenes. Inspirarse en ellas, en su olfato vital y en las experiencias que ávidamente devoran. Pues los «turbohumanos» precarios, perdidos y obsoletos en qué fácilmente nos convertimos, necesitan realimentarse con el ímpetu vital de las nuevas generaciones.

¿Es posible otra civilización más allá del laberinto del desierto?
Como si hubiera previsto la actual deriva, el romántico René de Chateaubriand avisó con preocupación de que «Los bosques preceden a las civilizaciones, los desiertos las siguen». ¿Es este el inexorable destino humano? ¿Será siempre así? ¿Es la desertización tan inevitable como el proceso histórico apuntado de la humanidad configurada primero como guardabosques; luego como agricultor, ganadero o jardinero; y más tarde como ingeniero, emprendedor y «cazador de oportunidades»? ¿Inevitablemente esa evolución comporta obsolescencia o —al menos— fragilización de la humanidad por el cambio constante de la turboglobalización actual? ¿Será la versión postmoderna del apocalipsis bíblico?

¿O más bien, detrás de la tormenta en que hoy estamos sin duda, vendrá de nuevo la calma? ¿Una nueva sociedad recompuesta, reequilibrada y reestructurada volverá a acoger mínimamente a los castigados individuos? ¿Dejará de condenarlos a vagar sin fin en el desierto postmoderno a la caza de oportunidades de negocio con que mantener un insostenible crecimiento económico? ¿Se moderará la precariedad existencial, laboral y ciudadana?

La actual dialéctica que impone mayores desigualdades dinerarias y sociales ¿revertirá hacia un mayor equilibrio?

¿Estamos quizás en uno de esos momentos revolucionarios de la humanidad donde el cambio se acelera y se impone una nueva clase social? ¿La burguesía moderna y quizás incluso el proletariado fordista están dejando paso a nuevas clases que luchan por conquistar sus territorios e imponer sus dinámicas? ¿Serán esas clases el cognitariado o el precariado? La acelerada destrucción creativa de hoy ¿es simplemente otro estadio evolutivo, otra etapa histórica o un nuevo momento de acumulación de capital? ¿Les seguirá un período más tranquilo, quizás de equilibrada sedimentación de las revoluciones tecnológicas y sociales que hoy experimentamos?

Ya Marx sorprendía a los más dogmáticos de sus seguidores avisándolos que la opulenta, conservadora, instalada y antirevolucionaria burguesía de su época había sido tiempo atrás quizás la clase más revolucionaria y transformadora. Pues los «habitantes de los burgos» habían tenido que huir de los «malos usos», de los expolios y las explotaciones de los señores feudales rurales. Habían nacido pobres —por tanto— y, con gran ambición, crearon un nuevo mundo económico, social, tecnológico... en las ciudades y Estados de los que se apoderaron luchando revolucionariamente en contra de aristócratas y monarcas absolutos.

Para ello tuvieron que tomar conciencia de sí mismos, de su poder y del tipo de sociedad que querían construir. Solo así pudieron edificarla revolucionariamente, sufriendo y reaccionado con grandes violencias que parecían imposibilitar el orden, la paz y la tranquilidad sociales. ¡Y ciertamente a los anteriores se los llevó el viento de la historia! Ahora bien, al «orden» feudal o señorial «del antiguo régimen» le sucedió un nuevo «orden burgués o capitalista» que —con notables evoluciones— ha llegado hasta nosotros. Pero sin duda y mientras tanto —insistía Marx— aquella clase castigada y renovadora «se aburguesó» (en sentido peyorativo) y cedió el ímpetu revolucionario y transformador a la nueva clase proletaria.

Pues bien, ¿algo parecido a esa dialéctica nos está pasando hoy? ¿Lo estamos experimentando mediante las aceleradas transformaciones que amenazan volvernos obsoletos? ¿No es el gran reto del presente encontrar una alternativa al laberinto del desierto, que insiste en no dejarnos escapar ni tampoco descansar? Sin darnos cuenta y a veces con gran angustia ¿formamos parte de una nueva clase que tiene que conquistar, construir y «ordenar» su propio mundo?

Al respecto este libro es un aliciente para tomar finalmente consciencia de nosotros mismos, para evitar caer en la obsolescencia y para conseguir salir del laberinto del desierto. Por ello, soslayando el abismo al que parecemos abocados, tendremos que construir nuevas formas sociales, de vida colectiva e individual, y renovar las instituciones políticas, ideológicas y antropológicas. También tendremos que crear nuevas subjetivaciones, mentalidades, culturas, ideales y adaptaciones existenciales.

Las demandas de la gente van en esa dirección como —por ejemplo y sin poder ser exhaustivos—: edificar una nueva cultura de lo común; la reconstrucción de viejos lazos comunitarios; aprender a vivir ecológica y sosteniblemente; escapar a la seducción de la espectacularización de la vida; separar el vivir nuevamente del incesante trabajar o del consumo bulímico; recuperar actividades impulsadas por la cura y la solidaridad colectiva más que por dividendos crematísticos, etc.

El capitalismo neoliberal turboglobalizado es un mundo muy intensivo de capital y —cada vez más— escaso de trabajo (que por ello deberá ser de alta calidad). Mientras soslayamos las amenazas del cambio climático y de la crisis de recursos, van aumentando tanto la producción global como la productividad individual y, por tanto, la humanidad puede sostenerse a sí misma si redistribuye esa riqueza con sabiduría y justicia.

Evidentemente todo ello tiene consecuencias ambivalentes, que exigen profundas readaptaciones sociales y políticas. Solo así podrán calmarse, reequilibrarse y pacificarse las contradicciones y tendencias angustiantes que hemos apuntado en este libro. Las tecnologías robóticas, de inteligencia artificial, informáticas... sustituyen trabajo por capital y exigen a los trabajadores mucha capacidad cognitiva. Por eso hablamos de cognitariado.

Ahora bien, en la medida que se ha acelerado muchísimo el proceso de destrucción creativa, gran parte de la población parece condenada al paro crónico ¡y no solo los trabajadores manuales! También los técnicos, ejecutivos, trabajadores intelectuales e —incluso— los detentadores del capital están sometidos a la precariedad, la inestabilidad y la fortuna global de la humanidad (además de la suerte particular de cada individuo) resultante de la actual desbocada y no previsible destrucción creativa. Por eso hablamos de precariado.

Por otra parte y dando una mínima esperanza, van surgiendo innovadoras propuestas sociales que minimizan esa precariedad que parece extenderse por todo y por encima de todos. Pero ¡aún deben surgir muchas más y —también— deben concretarse de manera fiable y sostenible! Es el caso, por ejemplo, de las diferentes propuestas de «Renta básica universal», «rentas de mínimo social», subsidios o protecciones para los damnificados tecnológicos que pueden resultar «redes protectoras» frente a una creciente precariedad que —insistimos— puede llegar a afectar a cualquiera sin excepción.

Seguramente incluso aplicaciones moderadas de la Renta básica transformarían revolucionariamente nuestras formas de vida y toda la sociedad. Quizás impedirían tanto las brutales violencias del fascismo y el comunismo de inicios del siglo XX, como la deriva «unidimensional» hacia una omnipresente «sociedad de mercado». Metamorfosearían muchas de las cosas que hemos analizado en este libro sobre el trabajo y la cultura, la creatividad y las exigencias cognitivas, la relación con la tecnología y el mundo digital, las crecientes desigualdades sociales y el empoderamiento de la ciudadanía, las nuevas subjetivaciones y el narcisismo individualista, las patologías fomentadas por la sociedad —aunque quizás serían sustituidas por otras— y las angustias padecidas por los individuos, las reacciones posibles frente a retos globales como el cambio climático y el crecimiento a largo plazo, etc.

Será en otro libro donde tratemos esas nuevas posibilidades, sus retos, sus condiciones, quizás también sus contradicciones, límites y dificultades sociales a vencer. Pero no podíamos terminar el presente libro sin apuntar esas esperanzas y otras posibilidades que nos encantaría que pudiéramos construir entre todos. Pues así, refutaríamos muchos de los análisis que acabamos de presentar y —quizás— conseguiríamos salir del angustioso laberinto del desierto. Este nos aprisiona —especialmente y con cierta paradoja— por sus horizontes sin fin, su falta de bloqueos pero también de guías, la presión omnipresente sobre todos y cada uno de los individuos, los cuales finalmente no pueden sino caer derrotados, en el burnout.

Así quizás podríamos (al menos en etapas avanzadas de la vida) dejar de estar siempre angustiados por la necesidad de cazar alguna nueva pieza-oportunidad. Sometidos a la constante amenaza de total obsolescencia y radical pérdida «personal», si dejamos ya de ser capaces de innovar o de ingeniar rápidamente algún nuevo «truco». Pues —como hemos expuesto— ya nadie reconocería el valor de los éxitos cosechados anteriormente, por muchos que fueran. Pues ciertamente «no garantizan éxitos futuros», como (con sarcástica y aparente neutralidad) se dice en bolsa.

Si no creamos otra dinámica histórico-social, la destrucción creativa es tan acelerada y profunda hoy, que ya solo nos sirven de algún tipo de guía las generaciones más jóvenes. Pues solo ellas tienen esa gran fuerza vital para sobreponerse al «laberinto del desierto», abrir nuevos caminos en él, «cazar» inesperadas oportunidades, dominar las innovadoras tecnologías y el nuevo mundo que definen precisamente por «ser y sentirse nativos» en ellas. Y así los que nacimos antes, los no-nativos tecnológicamente, los podemos tomar como guía y ejemplo para diferir la obsolescencia y el burnout.

Esa es sorprendentemente la gran esperanza del presente y de los «turbohumanos». Escrutar, seguir, confiar y dejarse guiar por las generaciones más jóvenes. Inspirarse en ellas, en su olfato vital y en las experiencias que ávidamente devoran. Quizás aconsejarlas —gracias a nuestra experiencia— para que no queden totalmente fascinadas por la seducción del neoliberal laberinto del desierto y que puedan construir un mundo alternativo y una civilización mejor.

Pues en el desorientado hombre turboglobalizado —que todos de alguna manera somos y cuyas angustias sentimos— la gran esperanza de empoderamiento estriba —como ya apuntaba Nietzsche— en devenir «niño» (que es el mejor ejemplo de «super o transhombre») pues es la mejor posibilidad de un «nuevo y radical comienzo».

Bibliografía

Acemoglu, D. y Robinson, J. A. *Por qué fracasan los países. Los orígenes del poder, la prosperidad y la pobreza*, Barcelona: Deusto, 2012.

Acemoglu, D. «Raíz histórica. Un enfoque histórico de la función de las instituciones en el desarrollo económico», *Finanzas & Desarrollo,* junio, 2003, págs. 27-30.

Agamben, G. *Homo sacer* 1. El poder soberano y la nuda vida. 2. Estado de excepción). Valencia: Pre-Textos, 1998.

Agamben, G. *Homo sacer* 2. Estado de excepción. Buenos Aires: A. Hidalgo, 2005.

Anderson, B. *Comunitats imaginades. Reflexions sobre l'origen i la propagació del nacionalisme*, Catarroja: Afers/Univ. València, 1993.

Arendt, H. *¿Qué es la política?*, Barcelona, Paidós, 1997.

Arendt, H. *Eichmann en Jerusalén. Un estudio sobre la banalidad del mal.* Barcelona: Lumen, 2003.

Arendt, H. La condición humana. Barcelona: Paidós, 1993.

Aronson, P. «La Emergencia de la Ciencia Transdisciplinar» en Cinta de Moebio. Revista de Epistemología de Ciencias Sociales, Facultad de Ciencias Sociales. Universidad de Chile, Santiago, Chile, 2003. http://www2.facso.uchile.cl/publicaciones/moebio/18/aronson.htm (cons. V-2016).

Augé, M. *Non-Lieux, introduction a une anthropologie de la surmodernité*, París: Seuil, 1992.

Austin, J. L. *Cómo hacer cosas con palabras. Palabras y acciones*, Barcelona: Paidós, 1982.

Baudrillard, J. «Modernité» a *Encyclopaedia Universalis*, París: *Encyclopaedia Universalis, S.A.*, 1997, consultable en http://209.85.229.132/u/egs1?q=cache:H-vPN-nmpJK0J:www.egs.edu/faculty/baudrillard/baudrillard-modernite.html+-Modernit%C3%A9&cd=1&hl=ca&ct=clnk&ie=UTF-8.

Baudrillard, J. *La transparencia del mal. Ensayo sobre los fenómenos extremos*, Barcelona: Anagrama, 1991.

Baudrillard, J. *Simulacres et Simulation,* París: Ed. Galilée, 1981.

Bauman, Z. *¿La riqueza de unos pocos nos beneficia a todos?*, Barcelona, Paidós, 2014.

Bauman, Z. entrevista en *Walk in (Revista de la Universitat Oberta de Catalunya)*, 2, 2009, págs. 26 y sigs.

Bauman, Z. *Amor líquido. Acerca de la fragilidad de los vínculos humanos*, Buenos Aires: FCE, 2005.

Bauman, Z. *Modernidad líquida*, México: FCE, 2005.

Bauman, Z. *La globalización. Consecuencias humanas*, México: FCE, 2003.

Bauman, Z. *Comunidad. En busca de seguridad en un mundo hostil*, Madrid: Siglo XXI, 2003.

Bauman, Z. *Miedo líquido. La sociedad contemporánea y sus temores*, Barcelona: Paidós, 2007.

Bauman, Z. *Tiempos líquidos. Vivir en una época de incertidumbre*, Barcelona: Tusquets, 2007.

Bauman, Z. *Vida líquida*, Barcelona: Paidós, 2006.

Beck, U. «Vivir en la sociedad del riesgo mundial / Living in the world risk society», *Documentos CIDOB Dinámicas interculturales*, n.o 8, julio, 2007.

Beck, U. *La sociedad del riesgo. Hacia una nueva modernidad,* Barcelona, Paidós, 2006.

Beck, U., Giddens, A. y Lash, S. *Modernización reflexiva. Política, tradición y estética en el orden social moderno*, Madrid: Alianza, 2008.

Beck, U. *La mirada cosmopolita o la guerra es la paz*, Barcelona: Paidós, 2005.

Béjar, H. *Identidades inciertas: Zygmunt Bauman*, Barcelona: Herder, 2007.

Bell, D. *El advenimiento de la sociedad postindustrial: un intento de prognosis social*, Madrid: Alianza, 1976.

Bell, D. *El fin de las ideologías: sobre el agotamiento de las ideas políticas en los años cincuenta.*, Madrid: Ministerio de Trabajo y Asuntos Sociales, 1992.

Benjamin, W. *Angelus Novus*, Barcelona: Edhasa, 1971.

Berardi, F. *Il sapiente, il mercante, il guerriero. Dal rifiuto del lavoro all'emergere del cognitariato*, Roma: Derive Approdi, 2004.

Berardi, F. *La fábrica de la infelicidad*, Madrid: Traficantes de sueños, 2003.

Berger, P. L. y Huntington, S. P. *Globalizaciones múltiples. La diversidad cultural en el mundo contemporáneo*, Barcelona: Paidós, 2002.

Berger, P. L. y Luckmann, Th. *La construcción social de la realidad: un tratado en la sociología del conocimiento*, Buenos Airess: Amorrortu, 1995.

Berger, P. L. y Luckmann, Th. *Modernidad, pluralismo y crisis de sentido. La orientación del hombre moderno*, Barcelona, Paidós, 1997.

Berman, M. *Todo lo sólido se desvanece en el aire.* México: Siglo XXI, 2008.

Bermudo, J. M. (ed.) *Del humanismo al humanitarismo*, Barcelona: Horsori, 2006.

Biewener, C. y Bacqué, M. H. *El empoderamiento. Una acción progresiva que ha revolucionado la política y la Sociedad*, Barcelona: Gedisa, 2015.

Blanchard, K., Carlos, J. y Randolph, A. *Empowerment: 3 Claves para lograr que el proceso de facultar a los empleados funcione en su empresa*. Bogotá: Norma, 1997.

Boltansky L. y Chiapello, E. *El nuevo espíritu el capitalismo*, Madrid: Akal, 2002. 2015.

Borges, J. L. *Obras completas 1923-1972*, Buenos Aires: Emecé.

Brecht, B. *Historias de almanaque*, Madrid: Alianza, 1976.

Braidotti, R. *Soggetto nomade. Femminismo e crisi della modernità*. Roma: Donzelli, 1994.

Briggs, A. y Burke, P. (2002), *De Gutenberg en internet. Una historia social de los medios de comunicación*, Madrid: Taurus, 2002.

Canotilho, J. J. *'Brancosos' o interconstitucionalidade. Intinerários dos discursos sobre a historicidade constitucional*. Coimbra, Almedina, 2012.

Carr, N. *Superficials. Què fa Internet amb les nostres ments?*, Ed. Taurus.

Castells, M. *The Information Age: Economy, Society, and Culture*. Oxford (GB) - Cambridge (USA): Blackwell Publishers, 2000.

Castells, M. *Comunicació i poder*, Barcelona: UOC, 2009.

Castells, M. *La Sociedad red. Una visión global*, Madrid: Alianza, 2006.

Castells, M. *Sociedad del conocimiento*, Barcelona: UOC, 2004.

Cipolla, C. *Las máquinas del tiempo y de la guerra. Estudios sobre la génesis del capitalismo*, Barcelona: Crítica, 1999.

Cipolla, C. *Educación y desarrollo en Occidente*, Barcelona: Ariel, 1970.

Cobo Romaní, C. y Moravec, John W. *Aprendizaje Invisible. Hacia una nueva ecología de la educación*. Barcelona: Publicacions i Edicions de la Universitat de Barcelona, 2011.

Coelho, L. F. *Teoría Crítica del Derecho*. Porto, Juruá, 2015 (con prólogo de G. Mayos).

Cooper, R. F. «El estado pós-moderno.» *Revista Académica de Relaciones Internacionales*, núm. 1, marzo de 2005, http://www.relacionesinternacionales. info/ojs/article/view/2.html

Crosby, A. W. *La medida de la realidad. La cuantificación y la sociedad occidental 1250-1600*, Barcelona: Crítica, 1998.

Cyrulnik, B. *Las almas heridas: las huellas de la infancia, la Necesidad del relato y los mecanismos de la memoria*, Barcelona: Gedisa, 2015.

Chordá, F. *Vivir es cambiar. Lenguaje, historia y anticipación. Con el ensayo La ciencia del cambio*, de Mihai Nadin, Barcelona: Anthopos, 2010.

Christian, D. *Mapas del tiempo. Introducción a la «gran historia»*, Barcelona: Crítica, 2005.

Davis, M. *Los holocaustos de la era victoriana tardía*, València: Universitat de València, 2006.

Debord, G. *La Sociedad del espectáculo*, Valencia: Pre-textos, 1999.

Deleuze. G. y Guattari, F. *El Antiedipo. Capitalismo y esquizofrenia*, Barcelona: Barral, 1973.

Deleuze. G. y Guattari, F. *Mil mesetas. Capitalismo y esquizofrenia*, Valencia: Pre-Textos, 1988.

Diamond, J. *El mundo hasta ayer. ¿Qué podemos aprender de las sociedades tradicionales?*, Barcelona: Debate, 2013.

Diamond, J. *Armas, gérmenes y acero. Breve historia de la humanidad en los últimos trece mil años*, Barcelona: Debate, 2006 (3ª ed. aumentada).

Diamond, J. *Colapso. Por qué unas sociedades perduran y otras desaparecen*, Barcelona: Debate, 2006b.

Duby, G. *Guerreros y campesinos. Desarrollo inicial de la economía europea (500-1200)*, Madrid: Siglo XXI (2a ed. ampliada), 1999.

Dumazedier, J. *Vers une civilisation du loisir?*, París: Seuil, 1972.

Eco, U. *Tratado de semiótica general*, Barcelona: Lumen, 1977.

Eco, U. *Apocalípticos e integrados*, Barcelona: Lumen, 1965.

Elias, N. *El proceso de la civilización. Investigaciones sociogenéticas y psicogenéticas*, México: FCE, 1987.

Ehrenberg, A. *La fatiga de ser uno mismo: Depresión y Sociedad*, Nueva Visión, 2000.

Florida, R.L. *La Clase creativa: la transformación de la cultura del trabajo y el ocio en el siglo XXI*, Barcelona: Paidós, 2010.

Fornet-Batancourt, R. en «La pluralidad de conocimientos en el diálogo intercultural» en Vicens, J. & Canadell, A. (eds.) *La tecnología desde la perspectiva intercultural*, Girona: Documenta Universitaria, 2006.

Foucault, M. *Las palabras y las cosas*, Madrid: Siglo XXI, 1993.

Foucault, M. *Vigilar y castigar*, Madrid: Siglo XXI, 1982.

Foucault, M. *Historia de la locura en la época clásica*, 2 vols., México: FCE, 2002.

Foucault, M. *Résumé des cours 1970-1982*, París, Julliard, 1989.

Foucault, M. *Sobre la Ilustración*, Madrid, Tecnos, 2003.

Foucault, M. *Historia de la locura en la época clásica*, 2 vols., México, FCE, 2000.

Foucault, M. *La arqueología del saber*, México, Siglo veintiuno, 1979.

Foucault, M. *Historia de la sexualidad, I. La voluntad de saber*, México, Siglo XXI, 1978.

Freixes, T., Remotti, J. C., Marrani, D., Bombin, J. y Vanin-Verna, L. *La gouvernance multi-level: penser l'enchevêtrement*, Bruselas, E.M.E., 2012.

Fukuyama, F. *El fin de la Historia y el último hombre*, Barcelona: Planeta, 1992.

Fukuyama, F. «El futuro de la historia» en *Foreign Affairs*, January/ February 2012.

Gellner, E. *El arado, la espada y el libro. La estructura de la historia humana*, Barcelona: Península, 1994.

Gellner, E. *Nacionalisme*, Valencia: Afers - Univ. València, 1998.

Gellner, E. *Naciones y nacionalismo*, Madrid: Alianza, 2003.

Gergen, K.F. *El yo saturado. Dilemas de identidad en el mundo contemporáneo*, Barcelona, Paidós, 1992.

Giddens, A. *Consecuencias de la modernidad*, Madrid: Alianza, 1994.

Giddens, A. y otros *Las Consecuencias perversas de la modernidad: modernidad, contingencia y riesgo*, Barcelona: Anthropos, 1996.

Gille, B. *La cultura técnica en Grecia. El nacimiento de la tecnología*, Barcelona: Granica, 1985. Global Information Study Center http://giic.ucsd.edu/index.php How Much Information? http://hmi.ucsd.edu/howmuchinfo.php

Goethe, J. W. *Fausto*, Barcelona: Planeta, 1980.

Goleman, D. *Inteligencia Emocional*, Barcelona: Kairós, 1996.

Goody, J. *Capitalismo y modernidad: el gran debate*, Barcelona: Crítica, 2005.

Goody, J. (comp.) *Cultura escrita en sociedades tradicionales*, Barcelona: Gedisa, 1996.

Goody, J. *La lógica de la escritura y la organización de la sociedad*, Madrid: Alianza, 1986.

Goody, J. *La domesticación del pensamiento salvaje*, Madrid, Akal, 1985.

Gordon Childe, V. *Los Orígenes de la civilización*, México: FCE, 1954.

Gordon Childe, V. Nacimiento de las civilizaciones orientales, Barcelona: Península, 1976

Greenfeld, L. *Nacionalismo. Cinco vías hacia la modernidad.* Madrid, Centro de Estudios Políticos y Constitucionales, 2005.

Habermas, J. *Historia y crítica de la opinión pública. La transformación estructural de la vida pública.* Barcelona: G. Gili, 1981.

Hall, J. A. *Poderes y libertades. Las causas y consecuencias del auge de occidente,* Barcelona: Península, 1988.

Han, B-Ch. *La sociedad del cansancio,* Barcelona: Herder, 2012.

Han, B-Ch. La sociedad de la transparencia, Barcelona, Herder, 2013.

Harvey, D. (2007) *La breve historia del neoliberalismo,* Madrid: Akal, (2005).

Havelock, E. A. *La Musa aprende a escribir,* Barcelona: Paidós, 1996.

Hernando, A. «Arqueología y Globalización. El problema de la definición del "otro" en la Postmodernidad» en *Complutum,* Vol. 17, 2006, pp. 221-234.

Hernando, A. *Arqueología de la identidad,* Madrid: Akal, 2002.

Hernando, A. *La fantasía de la individualidad: Sobre la construcción sociohistórica del sujeto moderno,* Buenos Aires: Katz, 2012.

Heidegger, M. *Serenidad,* Barcelona: Serbal, 1989.

Hirschman, A. O. *Las pasiones y los intereses. Argumentos políticos a favor del capitalismo previos a su triunfo,* Barcelona: Península, 1999.

Honneth, A. *Crítica del agravio moral. Patologías de la sociedad contemporánea,* Buenos Aires: FCE, 2009.

Honneth, A. *Reificación. Un estudio en la teoría del reconocimiento,* Buenos Aires, Katz, 2007.

Honore, C. *Elogio de la lentitud,* Barcelona: RBA, 2008.

Horkheimer, M. *Crítica de la razón instrumental (2a edición),* Madrid: Trotta, 2002.

Horta, J. L. B., Freire, T. M. y Siquiera, V. de. «A Era Pós-Ideologias e suas ameaças à Política e ao Estado de Direito». *Confluências* (Niterói), v. 14, págs. 120-133, 2012.

Hunter, J. D. y Yates, J. «A la vanguardia de la globalización. El mundo de los globalizadores estadounidenses» en Peter L. Berger y Samuel P. Huntington *Globalizaciones múltiples. La diversidad cultural en el mundo contemporáneo,* Barcelona: Paidós, 2002.

Huntington, S. P. *El choque de civilizaciones y la reconfiguración del orden mundial.* Barcelona: Paidós, 2005.

Huntington, S. P. *¿Quiénes somos? Desafíos de la identidad nacional estadouniden-se*, Barcelona: Paidós, 2004.

Inglehart, R. *Modernización y posmodernización. El cambio cultural, económico y político en 43 sociedades*, Madrid: Centro de Investigaciones Sociológicas y Siglo XXI, 2001.

Inglehart, R. y Welzel, Ch. *Modernización, cambio cultural y democracia: la secuencia del desarrollo humano*, Madrid: Centro de Investigaciones Sociológicas y Siglo XXI, 2006.

Illouz, E. *La salvación del alma moderna. Terapia, emociones y la cultura de la autoayuda.* Barcelona: Katz, 2010.

Illouz, E. *Por qué duele el amor. Una explicación sociológica*, Buenos Aires: Katz, 2012.

Illouz, E. *El consumo de la utopía romántica*, Buenos Aires/Madrid, Katz, 2009.

Jakobson, R. *Essais de linguistique genérale*, París: Minuit, 1963.

Jakobson, R. *Lingüística y Poética*, Madrid: Cátedra, 1988.

Kant, I. *Filosofía de la historia*, México: FCE, 1981.

Kaplan, R. D. *La venganza de la geografía*, Barcelona: RBA, 2013.

Jaspers, K. *La bomba atómica y el futuro del hombre.* Taurus Ediciones, 1966.

Jay, P. *La riqueza del hombre. Una historia económica de la humanidad*, Barcelona: Crítica, 2002.

Koselleck, R. *Futuro pasado. Para una semántica de los tiempos históricos*, Barcelona: Paidós, 1993.

Koselleck, R. *Crítica y crisis: un estudio sobre la patogénesis del mundo burgués*, Madrid: Trotta (2007).

Kuhn, T. S. *La estructura de las revoluciones científicas*, México: FCE, 1977.

Keen, A. *Digital vertigo. How Today's Online Social Revolution Is Dividing, Diminishing, and Disorienting*, St. Martin's Press, 2013.

Keen, A. *Internet no és la resposta*, Barcelona: Catedral, 2016.

Kurzweil, R. La *Singularidad está cerca. Cuando los humanos transcendamos la biología*, Berlín: Lola Books, 2012.

La Boétie, E. de *Discurso sobre la servidumbre voluntaria*, Buenos Aires: Utopía Libertaria, 2008.

Lacroix, M. *El culte a l'emoció. Atrapats en un món d'emocions sense sentiments*, Barcelona, La campana, 2005.

Lakoff, G. y Johnson, M. *Philosophy in the flesh*. New York: Basic Books, 1999.

Landes, D. *La riqueza y la pobreza de las naciones*, Barcelona: Crítica, 2003.

Lefebvre, H. *Le Droit à la ville*, París: Ed. du Seuil, 1968.

Levathes, L. *When China ruled the seas. The treasure fleet of the Dragon Throne 1405-1433*, Nueva York: Simon & Schuster, 1994.

Levi, P. *Si esto es un hombre*, Barcelona: El Aleph, 2003.

Lévy, P. *La machine univers: création, cognition et culture informatique*, París: La Découverte 1987.

Lévy, P. *L'intelligence collective: pour une anthropologie du cyberspace*, París: La Découverte 1994.

Lévy, P. *Cyberculture: rapport au Conseil de l'Europe dans le cadre du projet Nouvelles technologies, coopération culturelle et communication*, París-Estrasburgo, Odile Jacob-Consejo de Europa 1997.

Lévy, P. *World philosophie: le marché, le cyberespace, la conscience*, París: Odile Jacob 2000.

Lipovetsky, G. *El imperio de lo efímero*, Barcelona: Anagrama, 2016.

Lipovetsky, G. *La felicidad paradójica. Ensayo sobre la sociedad del hiperconsumo*, Barcelona: Anagrama, 2007.

Lipovetsky, G. *El crepúsculo del deber. La ética indolora de los nuevos tiempos democráticos*, Barcelona: Anagrama, 1994.

Luhmann, N. *Soziale Systeme: Grundriß einer allgemeinen Theorie*, Frankfurt a. M., Suhrkamp, 1987.

Luttwak, E. *Turbocapitalismo. Quienes ganan y quienes pierden en la globalización*, Barcelona: Crítica, 2000.

Lyotard, J. F. *La condición postmoderna. Informe sobre el saber*, Madrid: Teorema, 1984.

Lyotard, J. F. *La posmodernidad (explicada a niños)*, Barcelona: Ed. Gedisa, 1996.

Maalouf, M. *Identidades asesinas*. Madrid: Alianza, 1999.

Macpherson, C. B. *La teoría política del individualismo posesivo. De Hobbes a Locke*. Barcelona: Fontanella, 1979.

Machado, A. *Poesías completas*, Madrid: Espasa-Calpe, 2001. Proverbios y cantares (XXIX) Madrid, A. «Palabras que piensan: ¿soy "vulnerable" o me "vulneran"?» en *Revista Mientrastanto*, Barcelona, 31/10/2014, http://mientrastanto.org/sites/default/files/pdfs/2738.pdf

Mair, P. «¿Gobernar el vacío?», *New Left Review* (esp), 2007, 42, Jan-Feb, 22-48. http://hdl.handle.net/1814/9447

Mann, M. *Las fuentes del poder social.* Vol I *Una historia del poder desde los comienzos hasta 1760 d.C.* y vol II. *El desarrollo de las clases y los Estados nacionales, 1760-1914*, Madrid: Alianza, 1991 y 1997.

Mann, M. *El lado oscuro de la democracia. Un estudio sobre la limpieza étnica*, Valencia: Univ. València, 2009.

Mann, M. *El Imperio incoherente. Estados Unidos y el nuevo orden internacional*, Barcelona: Paidós, 2004.

Marcus, G. *Rastros de carmín. Una historia secreta del siglo XX*, Barcelona: Anagrama, 1993.

Marcuse, H. *Eros y civilización*, Barcelona: Seix Barral, 1976.

Marcuse, H. *El Hombre unidimensional*, Barcelona: Seix Barral, 1971.

Marks, R. B. *Los orígenes del mundo moderno. Una nueva visión*, Barcelona: Crítica, 2007.

Marquina, J. Informe de la APEI (Asociación Profesional de Especialistas en Información), «Bibliotecas ante el siglo XXI: nuevos medios y caminos», http://www.apei.es/informes/InformeAPEI-BibliotecasSigloXXI.pdf/ (consultado 22-2-2016).

K. Marx y F. Engels *Manifiesto comunista*, (ed. bilingüe), Barcelona, Crítica, 1998.

K. Marx y F. Engels *Escritos económicos varios*, Barcelona: Grijalbo, 1975.

Marzano, M. *Consiento, luego existo*, Proteus, 2011.

Mayos, G. *Macrofilosofia della Globalizzazione e del pensiero unico*, Barcelona: Red ediciones, 2016.

Mayos, G. *Vulnerabilidad, precarización y cambio social. Del capitalismo nofordista al postfordista*, en Polido, F. y Repolès, M. F. (Eds.), *Law & Vulnerability / Direito & Vulnerabilidade*, São Paulo, Almedina Brasil, en prensa.

Mayos, G. «Filosofía de la Historia» en *Guía Comares de Hegel*, Gabriel Amengual (Ed.) y M. C. Paredes, M. de la Maza, J. J. Padial, L. Illetterati, G. Mayos, R. Gabás y R. Ferrara. Granada: Editorial Comares, 2015a.

Mayos, G., García, F. y Coelho, S. (Eds.) *Cultura, Historia y Estado. Pensadores en clave macrofilosófica*. Barcelona: La Busca, 2013a.

Mayos, G. *Filosofía para indignados. Selección de la Internacional Situacionista*, Barcelona: RBA, 2013b.

Mayos, G. «Cognitariado es precariado. El cambio en la sociedad del conocimiento turboglobalizada», *Cooperación y cambio social en el siglo XXI*. Eds. Castro, G. de & Román, B. Barcelona: Intervida, 2013c, págs. 143-157. También en http://goncalmayossolsona.blogspot.com.es/2013/11/proletariado-es-cognitariado.html y http://goncalmayossolsona.blogspot.com.es/2013/11/cognitariado-es-precariado.html

Mayos, G. *Macrofilosofía de la globalización y del pensamiento único. Un macroanálisis para «empoderamiento»*, Madrid: Editorial Académica Española. 2012a.

Mayos, G. *Macrofilosofía de la Modernidad*, Rota: dLibro, 2012b.

Mayos, G. «Oci una genealogia macrofilosòfica» y Mayos, G. y Sala, T. M. «Reflexió macrofilosòfica sobre la societat de l'oci, del consum, de l'espectacle i del coneixement» a Sala, T-M. (coord.) (2012c) *Pensar i interpretar l'oci. Passatemps, entreteniments, aficions i addiccions a la Barcelona del 1900*, Barcelona: Editorial U.B. (eBook en inglés *Considering and interpreting leisure. Pastimes, entertainments, hobbies and addictions in the Barcelona of 1900*).

Mayos, G. y Brey, A. (eds.) *La sociedad de la ignorancia*, Barcelona: Península, 2011.

Mayos, G. (2012 b) «Conocimiento y cultura, ¿Agentes de barbarie?» en *Políticas del conocimiento y dinámicas interculturales. Acciones, Innovaciones, Transformaciones*, Onghena y Vianello (coords.) Barcelona: United Nations University y Barcelona Centre for International Affairs (CIDOB), 2012b

Mayos, Gonçal «Aspectos de la nueva globalización». En Prisma Social. Revista de Ciencias sociales, junio 2011, pp. 1-34. 2011b. Disponible en: <http://www.isdfundacion.org/publicaciones/revista/numeros/6/nuevas-formas-de-relacion-social.html>. (consultado el 5-3-2012).

Mayos, G. «Baudrillard y la Sociedad del Simulacro» en Barcelona *Metropolis. Revista de infor-mación y pensamientos urbanos*, 2010b, págs. 36-39.

Mayos, G. «Mort Huntington; què restarà del "Clash of civilitations"?» en R. Alcoberro, P. Fibla et alt. *Filòsofs a cel obert*, (pp. 215-252). Barcelona: La Busca, 2009.

Mayos, G. «Genealogia *i crítica del* pensament *únic*» en M. Cruz, G. Mayos, et alt. *Globalització — Pensament únic* (pp.17-40), 2000, Barcelona: La Busca Edicions.

McLuhan, M. y Powers, B. R. *The Global village. Transformations in world life and media in the 21st century*, New York & Oxford: Oxford University Press, 1989.

McNeill, J. R. y McNeill, W. H. *Las redes humanas. Una historia global del mundo*, Barcelona: Crítica, 2004.

McNeill, W. H. *La búsqueda del poder. Tecnología, fuerzas armadas y sociedad desde el 1000 d.C.*, Madrid: Siglo XXI, 1988.

Mead, M. *Cultura y compromiso. El mensaje de la nueva generación*, Barcelona: Granica, 1977.

Mignolo, W. *La idea de América Latina. La herida colonial y la opción decolonial*, Barcelona: Gedisa, 2007.

Mignolo, W. *The Darker Side of Western Modernity: Global Futures, Decolonial, Options*. Durham: Duke UP., 2011.

Moles, A. *Sociodinámica de la Cultura*. Barcelona: Paidós, 1978.

Mouffe, Ch. «Política agonística en un mundo multipolar / Agonistic in a multipolar world». Documentos CIDOB Dinámicas interculturales, n.º 15, (abril 2010). Barcelona: Fundació CIDOB.

Mouffe, Ch. *En torno a lo político*, Buenos aires: FCE, 2007.

Moyano, Y., Coelho, S. y Mayos, G. (eds.) *Postdisciplinariedad y Desarrollo Humano. Entre Pensamiento y Política*. Barcelona, Linkgua ediciones, 2014.

Mumford, L. *Técnica y civilización*. Madrid: Alianza, 2006.

Mumford, L. *El mito de la máquina*. 2 vols. Logroño: Pepitas de calabaza, 2010.

Nadin, M. *The Civilization of Illiteracy*, Dresde: Dresden U.P., 1998.

Neves, M. *Transconstitucionalismo*. São Paulo, WMF Martins Fontes, 2009.

Norris, P. e Inglehart, R. *Sacred and Secular. Religion and Politics Worldwide* [archivo en línea] Cambridge University Press, 2004. [Fecha de consulta: 05/01/2016]. https://books.google.es/books?id=dto– P2YfWJIC&pg=PA315&hl=es&source =gbs_toc_r&cad=3#v=onepage&q&f=false

Nussbaum, M. *El cultivo de la humanidad. Una defensa clásica de la reforma en la educación liberal*, Barcelona: Andrés Bello, 2011.

Nussbaum, M. C. y Sen, A. (eds.). *The Quality of Life,* Oxford: Clarendon Press, 1993.

Onghena, Y. «Por un espacio cultural europeo. Diversidad y complejidad». *Documentos CIDOB Dinámicas interculturales*, n.o 16, (junio 2011). Barcelona: Fundació CIDOB, 2011.

Osterhammel, J. y Petersson, N. P. *Globalization a short history*, Princeton University Press, 2005.

Oviaño, S. sobre el *Informe APEI Bibliotecas ante el siglo XXI* en www.infobibliote-
cas.com).

Pagel, M. *Conectados por la cultura. Historia natural de la civilización*, Barcelona:
RBA, 2013.

Piketty, T. *El capital al segle XXI*. Barcelona, RBA, 2013.

Coelho, S. «Cultura, Historia y Estado de Derecho en la Macrofilosofia de Miguel
Reale», en Mayos, G., García, F. y Coelho, S. (eds.) *Cultura, Historia y Estado.
Pensadores en clave macrofilosófica*. Barcelona, La Busca, 2013, págs. 257-275.

Polanyi, K. *La gran transformación. Los orígenes políticos y económicos de nuestro
tiempo*, México, FCE, 2003.

Prigogine, I. y Stengers, I. *La nueva alianza: metamorfosis de la ciencia*. Madrid:
Alianza, 2002.

Ramonet, I. «*La pensée unique*», editorial de *Le Monde Diplomatique*, París, 1995,
1 de enero.

Rifkin, J. *El Fin del trabajo. Nuevas tecnologías contra puestos de trabajo. El nacimiento de una nueva era*, Barcelona: Paidós, 1996.

Rifkin, J. *La sociedad de coste marginal cero*, Barcelona: Paidós, 2014.

Rosa, H. *Beschleunigung und Entfremdung – Entwurf einer kritischen Theorie spät-
moderner Zeitlichkeit*, Frankfurt am Main, Suhrkamp, 2013.

Rosa, H. «Aceleración social: consecuencias *éticas* y políticas de una Sociedad de
alta velocidad desincronizada» en *Persona y Sociedad* (U. Alberto Hurtado), vol.
XXV, na 1, 2011, págs. 9-49.

Rose, N. *Políticas de la vida. Biomedicina, poder y subjetividad*, Buenos Aires:
UNIPE, 2012.

Salgado, J. C. *A Idéia de Justiça no Mundo Contemporâneo. Fundamentaçäo e apli-
caçäo do direito como maximum ético*, Belo Horizonte: Editora Del Rey, 2006.

Santos, B. *Epistemologías del Sur,* Madrid: Akal, 2014.

Sartre, J. P. *La náusea*, Buenos Aires: Losada, 1938.

Sassen, S. *Territorio, autoridad y derechos. De los ensamblajes medievales a los
ensamblajes globales*. Buenos Aires: Katz, 2010.

Scitovsky, T. *Frustraciones de la riqueza. La satisfacción humana y la insatisfacción
del consumidor*, México: Fondo de Cultura Económica, 1986.

Schmitt, C. *El concepto de lo político*, Madrid: Alianza, 1999.

Schumpeter, J. A. *Capitalisme, socialisme i democràcia*, Barcelona: Edicions 62, 1966.

Scott, R. *Blade Runner*, con guión de David Webb Peoples y Hampton Fancher a partir de la novela de Philip K. Dick (1968). Salvat-Warner Bros, 1982.

Searle, J. *Actos de habla. Ensayo de filosofía del lenguaje*, Planeta-Agostini, 1994.

Sen, A. *Idea de Justicia*, Madrid: Taurus, 2000.

Sen, A. *Development as Freedom*, Oxford: Oxford University Press, 1999.

Sennett, R. *El declive del hombre público*, Barcelona, Península, 1978.

Sennett, R. *La Corrosión del carácter. Las consecuencias personales del trabajo en el nuevo capitalismo*, Barcelona: Anagrama, 2000.

Silveira, A. *Princípios de Direito da União Europeia. Doutrina e Jurisprudência.* Lisboa, Quid Juris, 2011.

Silveira, A. *Direito da União Europeia e Transnacionalidade.* Lisboa, Quid Juris, 2010.

Sloterdijk, P. «Warten auf dem Islam.» *Focus Magazin*, n.º 10, 2006.

Sloterdijk, P. *Crítica de la razón cínica*, Madrid: Taurus, 1989, 2 volúmenes.

Smith, A. *Investigación de la naturaleza y causas de la riqueza de las naciones*, 3 vols. Barcelona: Orbis, 1983.

Standing, G. *El precariado. Una nueva clase social*, Barcelona: Pasado-Presente, 2013.

Steger, M. B. *Globalization: A Very Short Introduction*, Oxford: Oxford University Press, 2003.

Subirós, O. y Vicente, J. L. de exposición «BIG BANG DATA» al Centre de Cultura Contemporània de Barcelona, 2014.

Taylor, Ch. «Interculturalism Or Multiculturalism?» *Philosophy & Social Criticism* 38, n.º 4-5 (May/June, 2012), págs. 413-423.

Taylor, Ch. *Fuentes del yo. La construcción de la identidad moderna*, Barcelona, Paidós, 1996.

Toulmin, S. *Cosmópolis. El trasfondo de la modernidad*, Barcelona: Península, 2001.

Toulmin, S. *Regreso a la razón*, Barcelona: Península, 2003.

Valdecantos, A. *Filosofía de la caducidad*, Madrid: PyV, 2015.

Vale, L. do Inter— e transconstitucionalidade como expressão e factor de inter— e transculturalidade: subsídios para uma reconsideração da teoria e do direito constitucionais?, *IV Colóquio Macrofilosófico e I Colóquio sobre*

Interconstitucionalidade – UM, Univ. de Barcelona e Univ. Autónoma de Barcelona, 2016, en prensa.

Vattimo, G. *El fin de la modernidad. Nihilismo y hermenéutica en la cultura posmoderna*, Barcelona: Gedisa, 1998.

Vattimo. G. y Rovatti, P. A. (eds.) *El pensamiento débil*, Madrid: Cátedra, 1988.

Vattimo. G. *La sociedad transparente*, Barcelona: Paidós, 1990.

Venturi, R., Izenour, S. y Browie, D. S. *Aprendiendo de Las Vegas. Del simbolismo olvidado de la forma arquitectónica*, Barcelona: Gustavo Gili, 1998.

Villarini, A. *El currículo orientado al desarrollo humano integral*. Puerto Rico: Organización para el Fomento del Desarrollo del Pensamiento, 1996.

Wallerstein, I. *El Moderno sistema mundial*: Vol. I. *La agricultura capitalista y los orígenes de la economía-mundo europea en el siglo XVI*, México: FCE, 1984.

Wallerstein, I. *El Moderno sistema mundial*: Vol II. *El mercantilismo y la consolidación de la economía-mundo europea, 1600-1750*. México: FCE, 1998.

Wallerstein, I. *El Moderno sistema mundial*: Vol. III. *La segunda era de gran expansión de la economía-mundo capitalista, 1730-1850*. México: FCE, 2011.

Wallerstein, I. Vol. IV *Centrist Liberalism Triumphant, 1789-1914*, California: University of California Press, 2011.

Walsh, C. *La interculturalidad en la educación*, Lima: UNICEF/Ministerio de Educación, 2005.

Weber, M. *Ensayos sobre sociología de la religión I*, Madrid: Taurus, 1992.

Williamson, J. (1989). «What Washington Means by Policy Reform», en

http://www.iie.com/publications/papers/paper.cfm?ResearchID=486, del noviembre de 1989 (consultado el 5-3-2012).

Wilson, E. O. *La conquista social de la Tierra. ¿De dónde venimos? ¿Qué somos? ¿Adónde vamos?*, Barcelona: Debate, 2012.

Young, I. M. (2011) *Responsibility for justice*, Nueva York: Oxford U.P., 2011.

Zizek, S. *Sobre la violencia. Seis reflexiones marginales*, Barcelona: Espasa, 2013.

9 788490 071274